Psychotherapie im Alter

Forum für
Psychotherapie,
Psychiatrie,
Psychosomatik
und Beratung

Herausgegeben von
Simon Forstmeier, Zürich; Johannes Kipp, Kassel; Meinolf Peters, Marburg / Bad Hersfeld; Astrid Riehl-Emde, Heidelberg; Bertram von der Stein, Köln; Angelika Trilling, Kassel; Henning Wormstall, Schaffhausen / Tübingen

PiA 9. Jg. (Heft 2) 2012: Sucht, herausgegeben von Dirk K. Wolter

IØ13Ø164

Beirat

Psychosozial-Verlag

P圐V

Impressum

Psychotherapie im Alter
Forum für Psychotherapie, Psychiatrie,
Psychosomatik und Beratung

ISSN 1613-2637
9. Jahrgang, Nr. 34, 2012, Heft 2

ViSdP: Die Herausgeber; bei namentlich gekennzeichneten Beiträgen die Autoren. Namentlich gekennzeichnete Beiträge stellen nicht in jedem Fall eine Meinungsäußerung der Herausgeber, der Redaktion oder des Verlages dar.

Erscheinen: Vierteljährlich

Herausgeber: Dr. Simon Forstmeier, Dr. Johannes Kipp, Prof. Dr. Meinolf Peters, Prof. Dr. Astrid Riehl-Emde, Dr. Bertram von der Stein, Dipl.-Päd. Angelika Trilling, Prof. Dr. Henning Wormstall

Mitbegründer und Mitherausgeber: Prof. Dr. Hartmut Radebold (2004–2008), Dr. Peter Bäurle (2004–2011)

Die Herausgeber freuen sich auf die Einsendung Ihrer Fachbeiträge! Bitte wenden Sie sich an die Schriftleitung:
Dr. Johannes Kipp
Felsengarten 9
34225 Baunatal
Tel.: 0561/42212
E-Mail: j.kipp@psychotherapie-im-alter.de
www.psychotherapie-im-alter.de

Übersetzungen: Keri Shewring

Satz: Andrea Deines, Berlin

Anfragen zu Anzeigen bitte an den Verlag:
E-Mail: anzeigen@psychosozial-verlag.de

Abonnentenbetreuung:
Psychosozial-Verlag
E-Mail: bestellung@psychosozial-verlag.de
www.psychosozial-verlag.de

Bezug:
Jahresabo 49,90 Euro · 77,90 SFr
(zzgl. Versand)
Einzelheft 14,90 Euro · 25,50 SFr
(zzgl. Versand)
Studierende erhalten gegen Nachweis 25% Rabatt.
Das Abonnement verlängert sich um jeweils ein Jahr, sofern nicht eine Abbestellung bis zum 15. November erfolgt.

Die Herausgeber danken für die Unterstützung durch die Arbeitsgruppe Psychoanalyse und Altern, Kassel.

Inhalt

Editorial

Übersicht

Suchtformen im Alter

Behandlung

Inhalt

Eine Institution stellt sich vor

Buchbesprechungen

Zum Titelbild

Editorial

Thema Sucht im Alter – von der Nische ins Rampenlicht

Bis heute spielen sich Suchterkrankungen im Alter am Rande der gesellschaftlichen Wahrnehmung ab, sie gehören zu den Gesundheitsproblemen, denen die Medizin lange Zeit keine Aufmerksamkeit geschenkt hatte. In der deutschsprachigen Fachliteratur sind die ersten systematischen Veröffentlichungen in den späten 1980er Jahren zu verzeichnen. Die Buchbeiträge von Solms et al. (1986) und Soeder (1989), der als Pionier hierzulande in der Fachklinik Fredeburg altersspezifische Suchtbehandlungskonzepte entwickelte, sollten dabei keinesfalls als historisch abgetan werden, vielmehr sind sie nach wie vor lesenswert. Das gilt auch für das sehr therapeutisch-praxisbezogene Buchkapitel von Buijssen und op de Haar (1997). Im Gegensatz zu diesen *geriatrischen* und *gerontopsychiatrischen* Publikationen schenken die deutschsprachigen *psychiatrischen* und *suchtmedizinischen* Lehr- und Handbücher diesem Thema bis heute, von wenigen Ausnahmen abgesehen, keine Beachtung.

Früher ging man davon aus, dass Suchterkrankungen stets im frühen Erwachsenenalter beginnen und sich mit dem Alter auswachsen (»maturing out«-Hypothese), entweder weil die Patienten versterben oder die Überlebenden »vernünftig«, d. h. abstinent werden. Unvorstellbar war, dass Suchtprobleme erst im Alter ihren Anfang nehmen und zwar nicht nur in Einzelfällen, sondern häufig. Wichtige Impulse, die Suchtproblematik Älterer ernst zu nehmen, kamen in Deutschland Ende der 1980er Jahre aus der Suchthilfe bzw. der Gerontopsychiatrie. Ein Seminar der Hamburgischen Landesstelle gegen die Suchtgefahren im September 1988 stieß auf ein so großes Interesse, dass man ein Jahr später eine größere Tagung folgen ließ. Bald darauf folgte eine Tagung im Landkreis Esslingen. Die Deutsche Hauptstelle gegen die Suchtgefahren führte 1997 eine Tagung in der Evangelischen Akademie Tutzing durch; der Tagungsband (Havemann-Reinecke et al. 1998) war bis 2010 die einzige deutschsprachige Buchpublikation zum Thema Sucht im Alter.

Das Interesse der Suchtmedizin an diesem Thema schwächte sich dann wieder ab und erst die Schwerpunkthefte der Zeitschriften *Suchttherapie* (Heft 1/2009) und *Sucht* (Heft 5/2009: »Riskanter Alkoholkonsum im höheren Lebensalter«) sowie ein eigenes Kapitel im Bericht der Deutschen Beobachtungsstelle für Drogen und Drogenmissbrauch (Pfeiffer-Gerschel et al. 2009) markieren wieder eine intensivere Beschäftigung damit. Jetzt kommen wichtige Impulse auch aus der Drogenhilfe und es gibt nun auch bei der Deutschen Hauptstelle für Suchtgefahren (DHS) einen eigenen Schwerpunkt unter dem Motto *Unabhängig im Alter*. Ende 2010 erschien die erste umfassende deutschsprachige Monographie über Sucht im Alter (Wolter 2011). Symposien beim DGGPP-Kongress 2011 und beim Deutschen Suchtkongress 2011 sowie der Reader von Vogt (2011, s. Buchbesprechungen) sind weitere Belege für diesen Aufschwung ebenso wie die Ankündigung Mechthild Dyckmans, der Drogenbeauftragten der Bundesregierung, dass die Suchtprobleme Älterer einen Schwerpunkt der Drogen- und Suchtpolitik der Bundesregierung bilden werden. Die Modellprojekte des Bundesgesundheitsministeriums sowie das grenzüberschreitende INTERREG-Forschungsprojekt in Salzburg und Südost-Oberbayern werden beim Deutschen Suchtkongress im Oktober 2012 in Berlin vorgestellt. Und noch ein Blick über die Grenzen: In Großbritannien hat das *Royal College of Psychiatrists* mit seinem Bericht über *»unsere unsichtbaren Suchtkranken«* (RCP 2011) einen Meilenstein gesetzt.

In dieser Ausgabe der Zeitschrift PiA möchten wir die Leser an dieser aktuellen Entwicklung teilhaben lassen. Am Anfang steht ein Überblick, in dem ein besonderes Gewicht auf kontroverse Themen, offene Fragen und künftige Entwicklungstrends gelegt wird. Zwei Beiträge beschäftigen sich mit der Situation alternder Drogenabhängiger: Vogt beschreibt auf der Grundlage qualitativer Interviews die Problemlagen dieser Menschen, während Fuhrmann beispielhaft erläutert, wie in München versucht wird, auf den Versorgungsbedarf zu reagieren.

Opiate spielen auf dem Arzneimittelmarkt eine immer größere Rolle. Sie sind aber auch als illegale Drogen von Bedeutung. Niemand bestreitet, dass Junkies abhängig sind, sind es aber auch viele Schmerzpatienten, denen Opiatanalgetika verordnet werden? Diese Frage ist zwischen Schmerzthera-peuten und Suchtmedizinern bzw. Epidemiologen höchst umstritten, wobei man allerdings inzwischen auch von den Schmerztherapeuten neue Töne hört: *»Die heutigen Zahlen belegen nur im geringen Ausmaß eine anhaltende Wirksamkeit, liefern jedoch immer mehr alarmierende Hinweise, dass sich bei unkritischem Gebrauch teils sogar bedrohliche Langzeitnebenwirkungen häufen«*, so der Bochumer Schmerzmediziner Christoph Maier im Vorfeld des Deutschen Schmerzkongresses 2011 (Dt. Ärzteblatt Newsletter vom 27.9.2011). Im Beitrag von Wolter wird versucht, diese Diskussion auf eine rationale Grundlage zurückzuführen.

Benzodiazepine sind von großer Bedeutung, wenn es um das Thema Sucht im Alter geht, das Gefährdungspotenzial wird aber sehr unterschiedlich eingeschätzt. Holzbach, einer der führenden deutschen Experten auf diesem Gebiet, erläutert die Problematik umfassend und praxisbezogen. Er stellt den gängigen Begriffen Missbrauch und Abhängigkeit eine dynamische Konzeption gegenüber, in der sich drei Phasen unterscheiden lassen. Die Probleme, die sich bei längerfristiger Benzodiazepineinnahme ergeben, werden dabei als Nebenwirkungen aufgefasst. Dieser (nicht nur) semantische Unterschied ist auch von großer praktischer Bedeutung für die Therapie, weil die Patienten damit eher zu motivieren sind, in den Dialog über Nutzen und Schaden der Medikation einzutreten.

In drei praxisbezogenen Beiträgen geht es hauptsächlich um Alkohol. Geyer, der als Leiter der Sucht-*Reha*klinik in Fredeburg das Erbe von Soeder weiterführt, schildert typische Zugangswege, praktisches Vorgehen und Besonderheiten der Entwöhnungsbehandlung bei älteren Alkoholabhängigen. Weniger bekannt als diese Pioniereinrichtung, aber auch schon seit mehreren Jahren »am Netz« ist eine auf ältere Abhängigkeitskranke spezialisierte gerontopsychiatrische *Akut*-Station der Asklepios-Klinik Göttingen (früher Niedersächsisches Landeskrankenhaus), deren Arbeitsweise Hahne und Schmieta beschreiben. Fischer stellt dann ein neues Projekt am Klinikum Stuttgart vor, das eine systematische Fallidentifikation und bedarfsgerechte Versorgung älterer Suchtkranker mit komorbiden Störungen im Rahmen eines integrierten Versorgungsmodells zum Ziel hat.

War da noch was? Ach ja, das Rauchen, das ungeliebte Kind der psychiatrischen und suchtmedizinischen Therapie! Obwohl jeder um die Gesundheitsgefahren weiß, wird diese Abhängigkeitsstörung häufig vergessen oder weggelassen. Wir lassen sie nicht weg: Der Beitrag von Wolter gibt einen umfassenden Überblick und macht deutlich, warum das Rauchen und die Raucherentwöhnung auch ein Thema für die Altersmedizin und Gerontopsychiatrie darstellt.

Viel Spaß beim Lesen wünscht

Dirk K. Wolter (Haderslev, Dänemark)

Literatur

Buijssen HPJ, op de Haar MT (1997) Abhängigkeit und Sucht. In: Buijssen HPJ, Hirsch RD (Hg) Probleme im Alter. Weinheim (Beltz) 216–260.

Havemann-Reinecke U, Weyerer S, Fleischmann H (Hg) (1998) Alkohol und Medikamente, Missbrauch und Abhängigkeit im Alter. Freiburg (Lambertus).

Pfeiffer-Gerschel T, Kipke I, Flöter S, Lieb C, Raiser P (2009) Bericht 2009 des nationalen REITOX-Knotenpunktes an die EBDD. Deutschland. Neue Entwicklungen, Trends und Hintergrundinformationen zu Schwerpunktthemen. Drogensituation 2008/2009. European Monitoring Centre for Drugs and Drug Addiction – Deutsche Beobachtungsstelle für Drogen und Drogensucht (DBDD).

RCP (Royal College of Psychiatrists) (2011) Our invisible addicts. First Report of the Older Persons' Substance Misuse Working Group of the Royal College of Psychiatrists. College Report CR165 June 2011.

Soeder M (1989) Abhängigkeit und Sucht. In: Platt D (Hg) Handbuch der Gerontologie, Bd. 5: Neurologie, Psychiatrie. Stuttgart (G. Fischer) 337–355.

Solms H, Paychére JM, De Bus P (1986) Alkoholismus. In: Martin E, Junod JP (Hg) Lehrbuch der Geriatrie. Bern (Huber) 440–453.

Vogt I (Hg) (2011) Auch Süchtige altern. Probleme und Versorgung älterer Drogenabhängiger. Frankfurt/M (Fachhochschulverlag).

Wolter DK (2011) Sucht im Alter – Altern und Sucht. Stuttgart (Kohlhammer)

Korrespondenzadresse.
Dr. Dirk K. Wolter
Psykiatrien i Region Syddanmark
Gerontopsykiatrisk Afdeling Haderslev
Skallebækvej 5
DK-6100 Haderslev
E-Mail: dirk.wolter@psyk.regionsyddanmark.dk

Die Herausgeber von *Psychotherapie im Alter* laden Autorinnen und Autoren ein, an den geplanten Themenheften mitzuarbeiten und geeignete Manuskripte oder freie Originalia zu selbst gewählten Themen bei der Schriftleitung (E-Mail: johanneskipp@t-online.de) einzureichen.

Die Planung ist vorläufig und kann kurzfristig umdisponiert werden.

➤ PiA 4/2012: Einsamkeit (Frist bis 1.4.12)

➤ PiA 1/2013: Frauen (Frist bis 1.7.12)

➤ PiA 2/2013: Altersbilder (Frist bis 1.10.12)

➤ PiA 3/2013: Sehnsucht Heimat – heile Welt? (Frist bis 1.1.13)

Sucht im Alter
Zentrale Themen, Kontroversen und künftige Entwicklungen

Dirk K. Wolter

Zusammenfassung

Suchterkrankungen im Alter stellen nach wie vor ein vernachlässigtes Gebiet der Medizin dar. In diesem Beitrag werden zunächst Begriffe und Konzepte zu Sucht und Suchtentstehung diskutiert. Epidemiologie, die unzureichende Erkennung von Suchterkrankungen bei Älteren sowie die Unterscheidung von Early Onset- und Late Onset-Alkoholismus sind weitere wichtige Themen. Von Bedeutung sind auch pharmakologische Aspekte, Absetz- und Entzugssymptome, schleichende Intoxikationen unter Benzodiazepinen, Wechselwirkungen mit Medikamenten und Folgekrankheiten, wobei kognitive Beeinträchtigungen und Demenz besonders hervorzuheben sind. Rahmenbedingungen und Grundzüge der Behandlung älterer Suchtkranker werden ausführlich dargestellt. In dieser Übersicht wird auf alle im Alter relevanten Suchtmitteln (Alkohol, Benzodiazepine, illegale Drogen, Opiatanalgetika, Tabak) eingegangen, wobei auch sich abzeichnende künftige Entwicklungen sowie Gender-Aspekte in den Blick genommen werden.

Stichworte: Epidemiologie, Early Onset- und Late Onset-Alkoholismus, Behandlung, Demenz, Entzugssymptome

Abstract: Substance abuse disorders in old age – main topics, controversial issues and upcoming trends

Substance abuse disorders in old age remain to be a neglected field in health care. In this article terms and concepts of addiction are discussed first. Furthermore, epidemiology, the problem of underdiagnosing of substance abuse disorders in old age and the distinction between early onset and late onset alcoholism are major concerns. Pharmacological aspects, minor and major withdrawal symptoms and protracted intoxication with benzodiazepines as well as drug interactions and diseases subsequent to substance abuse are also important, with cognitive impairment and dementia being of special interest. Treatment conditions and principles of substance abuse disorders in the elderly are described comprehensively. This article addresses all drugs relevant in old age (alcohol, benzodiazepines, illicit drugs, prescription opiods, and tobacco), and thus focuses on upcoming trends and some gender issues too.

Key words: epidemiology, early onset and late onset alcoholism, treatment, dementia, withdrawal symptoms

Einleitung

Drogen begleiten die Menschheit seit Tausenden von Jahren. In verschiedenen Regionen der Erde und in unterschiedlichen Epochen wurden und werden jeweils andere Drogen genutzt, genossen oder in süchtiger Weise konsumiert. Der soziokulturelle Kontext für pharmakologisch gleiche oder zumindest ähnliche Drogen kann sehr unterschiedlich sein, wie etwa beim Opiumkonsum in asiatischen Ländern im Vergleich zur Heroinabhängigkeit in Mitteleuropa. Manche Drogen liefert die Natur quasi frei Haus wie etwa Kokablätter oder halluzinogene Pilze, andere müssen erst in mehr oder weniger aufwändigen Verfahren hergestellt werden wie etwa Alkohol. Bier und Wein galten im Mittelalter als Nahrungsmittel, nicht nur wegen des Kaloriengehalts, sondern auch, weil das Wasser häufig von schlechter Qualität war und nur von armen Leuten getrunken wurde. Andererseits wurde Alkohol im Mittelalter zu medizinischen Zwecken eingesetzt. Auch Morphium und selbst Heroin wurden zunächst als Arzneimittel eingeführt (Preiser 1982).

Sucht – Begriffe und Einteilungsversuche

Der Begriff der Sucht bzw. Trunksucht und damit die noch heute gültige Terminologie setzte sich im frühen 19. Jahrhundert durch. Vorher hatte man allein den akuten Rausch als eine Art Krankheit aufgefasst, häufige Trunkenheit hingegen als ein Laster (Legarno 2000, Soyka u. Küfner 2008). Der Begriff »Sucht« leitet sich ab von »siech« (= krank). In Wörterbüchern wird Sucht als ein *übermäßiger Hang bzw. als ein krankhaftes Bedürfnis nach etwas* definiert. Im allgemeinen Sprachgebrauch hat der Begriff entweder die Bedeutung einer Krankheit (Schwindsucht, Fettsucht) oder die Bedeutung eines Lasters (Gefallsucht, Geltungssucht). Bei einigen Begriffen gehen diese beiden Bedeutungen ineinander über (z. B. Spielsucht, Kaufsucht). Hierin spiegelt sich wider, dass »jede Form menschlichen Verhaltens süchtig entarten« kann

(Gebsattel 1958). Ausgehend von diesem allgemeinen Suchtbegriff können stoffgebundene und nicht stoffgebundene Süchte differenziert werden. Im Jahre 1964 empfahl die WHO, den Begriff »Sucht« (engl. addiction) als unwissenschaftlich aufzugeben und durch den Begriff »Abhängigkeit« (engl. dependence) zu ersetzen, der in psychische und eine physische Abhängigkeit spezifiziert werden kann. Die moderne Klassifikation in ICD-10 und DSM-IV unterscheidet davon den *schädlichen Gebrauch* (ICD-10) bzw. den *Missbrauch* (DSM-IV, Abusus, engl. abuse). Der englische Begriff *misuse* bezeichnet den nicht bestimmungsgemäßen Gebrauch von nicht-psychotropen Pharmaka (z.B. Abführmitteln). Daneben werden weitere Begriffe wie *problem drinking* oder *riskanter Konsum* verwendet, die durch die konsumierte Alkoholmenge definiert werden. Diese Kategorien sind in Europa im Gegensatz zu den USA bisher noch wenig geläufig. *Problem drinking* meint Alkoholkonsum in einem Ausmaß, das zu Folgeproblemen in körperlicher oder psychosozialer Hinsicht führt, *riskanter Konsum* ist gewissermaßen die Vorstufe davon. Besondere Aufmerksamkeit findet seit einiger Zeit das *episodische exzessive Trinken* (Komasaufen, binge drinking).

Tätigkeitssüchte werden in ICD-10 und DSM-IV nicht den Abhängigkeiten, sondern den *Störungen der Impulskontrolle* zugeordnet. Im künftigen DSM-V kehrt man voraussichtlich wieder zum Begriff *addiction* zurück und führt als *substance use and addictive disorders* Missbrauch und Abhängigkeit zusammen. Ausdrücklich werden Toleranzentwicklung und Entzugssymptome bei ärztlich verordneten Substanzen wie Analgetika, Antidepressiva und Anxiolytika (Tranquilizer) hiervon ausgenommen.

Suchtentstehung – Suchtentwicklung

Suchterkrankungen entstehen im Wechselspiel von substanzspezifischen, individuellen und sozialen bzw. Umweltfaktoren. Dabei spielen das dopaminerge Verstärkungssystem (Belohnungssystem) und das Suchtgedächtnis eine entscheidende Rolle (Koob u. Volkow 2010, Lindenmeyer 2005, von der Golst u. Kiefer 2008). Die verschiedenen Suchtmittel ähneln sich zwar in ihren Auswirkungen auf das dopaminerge Verstärkungssystem, sie unterscheiden sich jedoch in zahlreichen anderen Aspekten erheblich, wie im Risiko für eine körperliche Abhängigkeit, in der Intensität der psychotropen Wirkungen oder hinsichtlich potenzieller Organschäden. Je länger eine Suchtkarriere andauert, desto schwerer sind in der Regel nicht nur die körperlichen Folgeschäden, sondern auch die geistig-seelischen Folgeerscheinungen. Persönlichkeitsveränderungen und kognitive Einbußen entstehen nicht nur durch hirnorganische

Schädigungen, sondern auch infolge sozialer Deprivation und durch die Verhinderung des sozialen Lernens unter amnestischen Drogeneinflüssen.

Es gibt keine typische, prädisponierende *Suchtpersönlichkeit*, wohl aber einige Persönlichkeitszüge, die häufig mit Suchterkrankungen vergesellschaftet sind. Bei Persönlichkeits- und Verhaltensauffälligkeiten ist stets zu hinterfragen, ob es sich um prämorbide Phänomene handelt, die möglicherweise für die Suchtentstehung (mit-)verantwortlich sind, oder aber um Folgen der Suchterkrankung. Bei längeren Suchtkarrieren ist diese Unterscheidung häufig sehr schwierig. Beim Verständnis von Suchterkrankungen befinden sich zwei Sichtweisen in einem dialektischen Spannungsverhältnis: In der einen wird Sucht als eigenständige Erkrankung, in der anderen als Symptom einer anderen dahinter liegenden psychischen Störung begriffen. Beide Standpunkte haben ihre Berechtigung. Unabhängig davon gibt es eine hohe Zahl von komorbiden seelischen Erkrankungen (Bilitza 2009, Schmidt u. Rist 2006, Soyka u. Küfner 2008, Tretter 2000, 2008).

Epidemiologie

Zugangsmöglichkeiten zu Drogen sowie soziale Normen und Regeln stellen wichtige Umweltfaktoren dar, die zu kulturell unterschiedlichen Konsummustern mit unterschiedlichen Prävalenzraten beitragen. Weil die Übergänge zwischen gelegentlichem Genuss, gewohnheitsmäßigem Konsum, Missbrauch und Abhängigkeit fließend sind, zeichnen sich die epidemiologischen Daten durch Unschärfen und Widersprüche aus. Die Einschätzungen, ab wann von einer Abhängigkeit auszugehen ist, sind nicht selten sehr unterschiedlich. Dies betrifft vor allem Schlaf- und Beruhigungsmittel sowie Opiatanalgetika. Kontroverse Ansichten prägen auch den Diskurs über Cannabis (»Legalize it!«) und das Rauchen, das von manchen als Sucht, von anderen als Lifestyle-Phänomen aufgefasst wird.

Was die Häufigkeit betrifft, spielen in der deutschen Altenbevölkerung Alkohol, Schlaf- und Beruhigungsmittel, Opiatanalgetika und das Rauchen die größte Rolle. Männer weisen bei Alkohol und Rauchen höhere Prävalenzraten als Frauen auf, diese nehmen mehr Medikamente ein. Der Gebrauch von Schlaf- und Beruhigungsmitteln und Opiatanalgetika nimmt mit dem Alter zu, bei Alkohol und Tabak ist es umgekehrt. Beim Rauchen ist der wesentliche Grund dafür die Übersterblichkeit der Raucher (Keil 2005, Pötschke et al. 2009). Epidemiologen zufolge ist das Rauchen zu 40–60% für die geringere Lebenserwartung von Männern verantwortlich (McCartney et al. 2011).

In älteren epidemiologische Untersuchungen liegt die Prävalenz (ab dem 60. bzw. 65. Jahr) für Missbrauch und Abhängigkeit von Alkohol nach DSM-IIIR-Kriterien bei 2–4% und für riskanten bzw. problematischen Konsum (nach unterschiedlichen Definitionen) bei 9–16%, insbesondere *heavy drinking* kommt bei Männern deutlich häufiger vor (Johnson 2000, Kirchner et al. 2007). Nach einer älteren deutschen Erhebung lag bei 10,8% der über 60-Jährigen ein riskanter Konsum, bei 4,3% ein gefährlicher und bei 0,3% ein Hochkonsum vor (Bühringer et al. 2000). Aktuell finden sich unter deutschen Hausarztpatienten ab 75 Jahren 50,1% Abstinente, 6,5% betreiben einen riskanten Konsum (> 20/30 g (w/m) pro Tag), Männer häufiger als Frauen (12,1 vs. 3,6%, Weyerer et al. 2009). In einer aktuellen US-amerikanischen Studie erfüllten 14% der über 64-jährigen Männer und 3% der Frauen die Kriterien für ein »binge drinking« (Blazer u. Wu 2009).

> »Riskanter Konsum« bei höherschwelligen Grenzwerten: ca. 13–15% d. Männer und 8–12% d. Frauen ab 60 Jahren.

> »Riskanter Konsum« bei niedrigeren Grenzwerten (BRD): ca. 25% d. Männer und 8% d. Frauen ab 60 Jahren.

> Gefährlicher und Hochrisikokonsum: 7–9% der Männer und 2–3% der Frauen ab 60 Jahren.

> »Episodisches exzessives Trinken«: 10–15% der Alkohol konsumierenden älteren Männer, 1–5% der Alkohol konsumierenden älteren Frauen.

> Da die Abstinenzrate bei Frauen deutlich höher liegt (80% aller Abstinenten), verändert sich die geschlechtsspezifische Prävalenz, wenn man die Abstinenten ausklammert: Unter den alten Frauen, die überhaupt Alkohol trinken, ist der Anteil riskanten und gefährlichen Konsums höher als bei Männern.

Tab. 1: Epidemiologie des riskanten Alkoholkonsums im Alter (nach Schäufele 2009)

Über Verordnungshäufigkeit und Gebrauch von Benzodiazepinen (BZD) gibt Tabelle 2 Auskunft. Etwa die Hälfte der Dauerkonsumenten sind abhängig (Kan et al. 1997, Tyrer 1993). Zum Entzugsvermeidungsverhalten sagt Tyrer (1993, 110): »Regelmäßig lässt sich feststellen, dass die Patienten aufgrund von Abstinenzsymptomen in extreme Schwierigkeiten geraten, wenn sie die Behandlung beenden wollen. Die Patienten berichten übereinstimmend: ›Ich *weiß gar nicht, ob mir dieses Medikament eigentlich noch hilft oder nicht, das einzige, was ich weiß, ist, dass es mir immer schrecklich geht, wenn ich versuche, die Dosis zu reduzieren oder ganz aufzuhören, und dass ich dann von neuem damit anfange‹* (Übersetzung D. W.). Das Risiko der Entstehung einer Abhängigkeit ist umso größer, wenn der Patient das BZD initial täglich nimmt und die Einnahme nicht (wie im Beipackzettel vorgegeben) nach vier bis sechs Wochen beendet (Isacson 1997). Aus diesem Grund sollte dann, wenn es »nicht ohne geht«, zumindest eine Form der Intervalltherapie mit BZD-freien Tagen versucht werden (Pollmächer u. Wetter 2008).

> ➤ Bei über 85-Jährigen in Nordschweden/Finnland: BZD-Verordnung bei 40,7% (davon dement 47,4%, nichtdement: 35,1%, Lövheim et al. 2008a)
> ➤ Bei über 65-Jährigen in Västerbotten (Nordschweden): Verordnung von Tranquilizer/Hypnotika 1982: 13,2% und 2000: 39,2% (Lövheim et al. 2008b)
> ➤ Bei über 75-Jährigen in Schweden, 4. Quartal 2005: Verordnung von BZD 12,2% und BZD-Analoga 16,1% (Summe 24,6%). Bei 4,7% der Patienten wurden 2 und bei 0,6% sogar 3 oder mehr BZD-Substanzen verordnet, 49% als Bedarfsmedikation und der Rest als feste Medikation (Johnell u. Fastbom 2009)
> ➤ Bei über 75-Jährigen in Wien: BZD-Verordnung bei 13,8%, bei 9% regelmäßig und bei 8,6% über mehr als 6 Monate (Assem-Hilger et al. 2009)
> ➤ Bei zu Hause lebenden alten Menschen in Quebec (Kanada): chronischer BZD-Gebrauch bei 19,8%, jährliche Inzidenzrate 1,9%, positiver Altersgang (Egan et al. 2000)

Tab. 2: Epidemiologie der Benzodiazepine-Einnahme

Während ältere Menschen in Deutschland illegale Drogen bisher nicht in nennenswertem Ausmaß konsumieren, liegt die Prävalenz bei den 60- bis 64-Jährigen in den USA bereits bei ca. 2% (Manchikanti u. Singh 2008). Obwohl sie mit zunehmendem Alter häufiger verschrieben werden, entfallen in den USA aber fast 12% der Verordnungen schon auf Menschen zwischen 10 und 29 Jahren (Volkow et al. 2011). Besorgniserregend ist, dass diese verschreibungspflichtigen Medikamente als Einstieg in den illegalen und i. v.-Konsum fungieren (Lankenau et al. 2012) und dass die Inzidenz von Notfällen im Zusammenhang mit Opiatanalgetika parallel zum Verordnungsanstieg zunimmt (Manchikanti u. Singh 2008). Die Medikamente wandern oft auch von den überwiegend älteren Patienten, denen sie verordnet wurden, zu jüngeren Suchtkranken, sei es durch »Abzweigen« innerhalb der Familie, durch Verkauf auf dem Schwarzmarkt oder durch das *Recycling* verbrauchter Opiatpflaster (»Tödliche Drogen aus der Mülltonne«, Münchner Merkur 18.5.2011).

Werden Opiatanalgetika längerfristig verordnet, ist – ähnlich wie bei BZD – die Diagnose einer Substanzabhängigkeit schwer zu stellen (Reissner u. Banger 2003). Wenn Patienten nach einer höheren Dosis verlangen – sind sie dann süchtig oder ist die Dosis noch nicht ausreichend? Die Ansichten hierzu sind kontrovers.

Die Gefahr, dass Menschen, die in ihrem Leben zuvor noch keinerlei Suchtprobleme hatten, durch die Verordnung von Opiatanalgetika erstmals süchtig werden, ist verschwindend gering (Fishbain et al. 2008). Anders sieht es bei einer positiven Suchtanamnese aus; hier besteht die Gefahr, dass das Suchtmittel ausgetauscht wird. Solchen Patienten Opiatanalgetika zu verordnen, ist deshalb kontraindiziert. Gleichwohl geschieht dies immer wieder, z. B. aufgrund einer nachlässigen Anamneseerhebung oder als Folge einer vorsätzlichen Täuschung durch die Patienten. Schwierig wird es, wenn ein Patient mit positiver Suchtanamnese an einer somatischen Erkrankung leidet, bei der der Einsatz von Opiatanalgetika indiziert ist.

Sucht im Alter – ausgeblendet und unterdiagnostiziert

Gängige Klischees besagen, dass Sucht im frühen Erwachsenenalter beginnt und nur vereinzelte Erkrankte ein höheres Alter erreichen – entweder weil sie bei robuster Konstitution mit Glück und medizinischer Hilfe den Folgeerkrankungen standhalten, oder aber weil sie »vernünftig«, d. h. abstinent werden. Unvorstellbar war bisher, dass Suchtprobleme erst im Alter ihren Anfang nehmen, und zwar nicht nur in Einzelfällen sondern sogar häufig.

Suchtprobleme werden bei alten Menschen häufiger übersehen als bei jüngeren (z. B. Curtis et al. 1989, Speckens et al. 1991). Die Gründe dafür sind vielschichtig: Sucht passt wenig ins Altersbild, das Gesundheitsberufe haben, und nicht ins Altersbild der Senioren selbst und ihrer Kinder. Wenn Suchtprobleme bei älteren Menschen diagnostiziert werden, trifft man häufig auf vordergründig wohlmeinende bis defätistische Einstellungen, wie z. B. ein Entzug wäre zu gefährlich oder zumindest zu mühsam und man solle alten Menschen doch nicht die letzte Freude nehmen etc. Hinzu kommt, dass die Symptome unspezifisch sind und deshalb *typischen Alterskrankheiten* zugeordnet werden. Dies gilt insbesondere, wenn ein negatives Altersstereotyp die Wahrnehmung dominiert und alte Menschen a priori als »*tüddelig*«, verlangsamt, unsicher in den Bewegungen, sturzgefährdet, unkonzentriert, vergesslich usw. eingeschätzt werden. Es wird dann nicht die Möglichkeit in Betracht gezogen, dass eine behandelbare Ursache dahinter stecken könnte (OConnell u. Lawlor 2008). Insbesondere ältere Frauen trinken häufiger allein in den eigenen vier Wänden und entgehen so der Wahrnehmung, während Männer normalerweise in der Öffentlichkeit trinken und sich dort auch sozial akzeptiert betrinken.

Frauen beginnen eher als Reaktion auf zwischenmenschliche Belastungen und negative Gefühle zu trinken, während Männer eher in der Gruppe trinken und damit positive Gefühlszustände zu verstärken versuchen. Als Klischee formuliert: Frauen trinken als Reaktion auf Eheprobleme, Männer verursachen durch das Trinken Eheprobleme. Ältere Frauen mit einem Alkoholproblem bleiben aber länger alltagskompetent als Männer, was Haushalt, Kleidung, Ernährung und Körperpflege betrifft (Epstein et al. 2007, Greenfield et al. 2010, Lützenkirchen et al. 2010).

Bei der Anamneseerhebung gilt es, konsequent nach dem Gebrauch von Suchtmitteln und auch fremdanamnestische Angaben zu nutzen. Verschiedene Laborparameter sowie einige auf alte Menschen zugeschnittene Fragebogeninstrumente können die Diagnosestellung unterstützen (Oslin 2004, Rumpf 2006, Soyka u. Küfner 2008, Wolter 2011a).

Early Onset- und Late Onset-Alkoholismus

Bei alten Menschen mit Alkoholproblemen wird zwischen den Prototypen *Early Onset-* (EOA) und *Late Onset-Alkoholismus* (LOA) unterschieden. Beim EOA besteht ein Alkoholmissbrauch seit dem frühen Erwachsenenalter, beim LOA hat der problematische Konsum erst im Alter begonnen. In der Literatur werden teilweise sehr unterschiedliche Altersgrenzen für die Differenzierung dieser beiden Gruppen angegeben (Lieb et al. 2008, Johnson 2000, Liberto u. Oslin 1995, Mann et al. 2003, Sorocco u. Ferrell 2006). Für die Unterschiede zwischen beiden Prototypen (Tab. 3) werden einerseits konstitutionell-genetische Faktoren ins Feld geführt, andererseits darf die individuelle Sozialisations- und Lerngeschichte nicht unberücksichtigt bleiben.

Beim langjährigen EOA ist die Persönlichkeit weniger ausgereift und die körperlichen, psychischen und sozialen Ressourcen sind geringer als beim LOA. Hier dürfte ein wesentlicher Grund für die besseren Therapieprognosen des LOA liegen. Bei alten Menschen mit Alkoholproblemen macht der

	»early onset« (EOA)	»late onset« (LOA)
Alter bei Beginn des Alkoholproblems	< 60 Jahre	≥ 60 Jahre
Geschlecht	eher männlich	eher weiblich
Häufigkeit	2/3 der Prävalenz	1/3 der Prävalenz
Persönlichkeit	eher instabil	eher stabil
Wohnsituation	häufig wechselnd	eher konstant
soziales Netzwerk	häufig alleinstehend, geschieden	häufig familiäre Bindung
sozioökonomischer Status	häufiger niedriger Status	häufiger höherer Status
Bildungsniveau	eher niedrig	eher höher
Konfliktverhalten	eher vermeidend	eher problemlösend
Probleme mit der Justiz	häufiger	selten
fam. Erfahrung mit Alkoholmissbrauch	häufig	selten
Intoxikationstage	häufig	seltener
Raucherstatus	meist Langzeit-Raucher	häufiger Nichtraucher
kognitive Beeinträchtigungen	eher ausgeprägt	eher gering
Therapieadhärenz und -prognose	mäßig	gut

Tab. 3: Early Onset und Late Onset Alkoholismus (nach Liberto u. Oslin 1995, Lieb et al. 2008, Mann et al. 2003, Sorocco u. Ferrell 2006)

EOA-Typ zwei Drittel aus. Über 50% der älteren Frauen mit einem Alkoholproblem gehören aber zur LOA-Gruppe, bei Männern hingegen weniger als ein Drittel. (Epstein et al. 2007, Liberto u. Oslin 1995, Lieb et al. 2008, Mann et al. 2003, Mundle 2000, O'Connell u. Lawlor 2008, Soeder 1989, Sorocco u. Ferrell 2006)

Neben der Bedeutung alterstypischer Belastungssituationen als Auslöser für den LOA (*Problemtrinken*) ist auch zu bedenken, dass es im Zuge des Alterns zum Wegfall sozialer Kontrollinstanzen bzw. äußerer Abstinenzmotivation kommt, etwa wenn man nach der Berentung nicht mehr täglich mit dem Auto zur Arbeit fahren muss. Hier kann sich je nach Persönlichkeit, Problemlösefähigkeiten (Copingverhalten), sozialem Netzwerk usw. ein zunehmender Alkoholmissbrauch entwickeln. Probleme können sich aber auch bereits dann einstellen, wenn ältere Menschen trotz nachlassender Alkoholtoleranz ihren Konsum nicht verringern. Die einfache Dichotomie EOA versus LOA wird allerdings der Vielfalt von Alkoholproblemen im Alter kaum gerecht (Witt 1998).

Trockene Alkoholiker mit langen Abstinenzphasen, die erst im Senium von Neuem zu viel trinken, sind nicht leicht in diesem Schema unterzubringen. Alkoholprobleme können auch mit anderen psychischen Störungen in Zusammenhang stehen (z. B. als Selbstbehandlungsversuch bei einer Depression oder als Symptom einer Manie). Alkoholmissbrauch bei alten Menschen ist mit depressiven Symptomen sowie mit funktionellen Beeinträchtigungen assoziiert (St. John et al. 2009) und geht mit einem erhöhten Suizidrisiko einher (Blow et al. 2004, Waern 2003). Schließlich sind die alt gewordenen, chronisch mehrfach geschädigten Alkoholiker zu erwähnen, bei denen oft ausgeprägte hirnorganische Veränderungen vorliegen (Oslin 2004).

Klinisch-pharmakologische Aspekte

Unter rein suchtmedizinischen und pharmakologischen Aspekten ist es wichtig, zwischen Absetzphänomenen und Entzugssymptomen zu unterscheiden. Absetzphänomene beruhen auf einer überschießenden Gegenregulierung nach längerer Einnahme eines Medikaments und können auch bei zahlreichen Arzneistoffen auftreten, die nicht zu den Suchtmitteln gehören (z. B. trizyklische Antidepressiva, Betablocker, Marcumar). In diesem Sinne sind auch die beim Absetzen von BZD zu beobachtenden »minor symptoms« wie Nervosität und Schlafstörungen als Absetzphänomene zu verstehen – im Gegensatz zu den »major symptoms« wie etwa zerebrale Krampfanfälle und produktiv psychotische Bilder oder Delirien (Tyrer 1993). Aus Sicht der betroffenen Patienten ist diese Unterscheidung zunächst einmal völlig unerheblich, da die Symptome häufig so unangenehm sind, dass sie erneut das Beruhigungsmittel einnehmen, vor allem dann, wenn sie nicht darüber informiert wurden, dass es sich um vorübergehende Phänomene handelt, die nach einigen Tagen verschwinden. Wenn darüber klar informiert wird, ein Plan für das Ausschleichen vorhanden und die Arzt-Patient-Beziehung vertrauensvoll und Halt gebend ist, dann gelingt die Entwöhnung von BZD auch ambulant im hausärztlichen Setting (Curran et al. 2003, Lader et al. 2009).

Im fortgeschrittenen Alter führen physiologische Veränderungen dazu, dass die meisten Suchtmittel bei gleicher Dosis eine stärkere Wirkung entfalten. Gleichzeitig werden die meisten auch langsamer abgebaut und ausgeschieden, sodass sie ohne Dosiserhöhung langsam im Körper kumulieren und so zu einer schleichenden Intoxikation führen. Solche Zustände bei einer BZD-Medikation werden nicht selten als Depression oder Demenz fehlgedeutet, Stürze sind eine gefährliche Folge (Wolter 2010). Schließlich werden mit zunehmendem Alter immer mehr Medikamente verordnet (Polypharmazie), deren Wechselwirkungen ohnehin nicht mehr überschaubar sind. Durch den zusätzlichen Konsum von Alkohol, Benzodiazepinen und Opiatanalgetika kann es zu verstärkten oder zusätzlichen Interaktionen kommen (O'Connell u. Lawlor 2008).

Drogen machen krank, ein bisschen Rotwein hält gesund?

Die verschiedenen Suchtmittel unterscheiden sich im Risiko für eine körperliche Abhängigkeit, in der Intensität der psychotropen Wirkungen oder hinsichtlich potenzieller Organschäden. Alkoholmissbrauch und Rauchen sind, was die direkten Gesundheitsschäden angeht, mit Abstand am gefährlichsten (Singer et al. 2011). Bei illegalen Drogen entstehen körperliche Folgeschäden überwiegend indirekt, beispielsweise durch Infektionen beim i. v.-Konsum. Komplikationen treten auch durch soziale Folgeerscheinungen, einseitige Ernährung, Beschaffungskriminalität usw. auf. In der Konsequenz führt dies dazu, dass die Lebenserwartung von Heroin-Abhängigen um ca. 20 Jahre verkürzt ist. Viele von ihnen erreichen heute dank besserer medizinischer Versorgung und präventiver Maßnahmen (Konsumräume, saubere Nadeln usw.) aber ein Alter von 60 Jahren und darüber, sie sind dann vorgealtert mit entsprechender Multimorbidität und funktionellen Beeinträchtigungen. Für diese Klientel existieren bisher allenfalls punktuell angemessene Versorgungsangebote, eine große Herausforderung für unser Gesundheitswesen (Fareed et al. 2009, Hser et al. 2001, Lofwall et al. 2005, Rajaratnam 2009, Rosen et al. 2008, Vogt 2009).

Seit einigen Jahren wird immer wieder propagiert, dass mäßiger Alkoholkonsum gesundheitsfördernde Effekte habe. In der Tat weisen zahlreiche Studien darauf hin, dass Abstinenz mit einer höheren Rate gesundheitlicher und funktioneller Beeinträchtigungen assoziiert ist als geringer bzw. mäßiger Alkoholkonsum. Möglicherweise finden sich aber unter den Abstinenzlern viele, die erst aufgrund von Gesundheitsproblemen infolge des Alkoholkonsums aufgehört haben, Alkohol zu trinken (*sick quitters*, O'Connell u. Lawlor 2008). Wenn vor allem diejenigen alten Menschen Alkohol trinken, die ihn auch ohne größere Probleme vertragen, dann ist der Alkoholkonsum ein Indikator für einen guten, robusten Gesundheitszustand – so eine andere Interpretation von epidemiologischer Seite (»Drinking may be a marker for better underlying health«, Peytremann et al. 2004).

Direkte gesundheitsfördernde Wirkungen des Alkohols (oder auch nur des Rotweins) sind keineswegs erwiesen. Deshalb sollte kein abstinent lebender alter Mensch aus Gründen der Gesundheitsförderung dazu animiert werden,

Alkohol zu trinken. Umgekehrt brauchen Senioren, die bei guter Gesundheit etwas Alkohol trinken, damit nicht aufzuhören. Empfehlenswert ist aber in jedem Fall die Einhaltung von mindestens zwei alkoholfreien Tagen in der Woche (Tab. 4).

Risikoarme Schwellendosis bei gesunden Menschen ohne zusätzliches genetisches oder erworbenes Risiko:
➤ Männer: 24 g Alkohol pro Tag (entspricht 0,5-0,6 l Bier oder 0,25-0,3 l Wein)
➤ Frauen: 12 g Alkohol pro Tag
➤ zwei *alkoholfreie Tage* pro Woche einhalten
➤ Rauschtrinken sollte unterbleiben

Tab. 4: Empfehlungen für einen nicht riskanten Alkoholkonsum (nach Seitz et al. 2008)

Sucht und Demenz

Diskrete bis geringfügige kognitive Beeinträchtigungen kommen während des regelmäßigen Konsums von Suchtmitteln häufig vor, sie können auch unter Abstinenzbedingungen noch längere Zeit fortbestehen, sind aber zum großen Teil reversibel. Das Vollbild einer Demenz ist hingegen selten; dies betrifft die neuropsychologische Leistungsminderung ebenso wie die strukturelle Hirnschädigung. Teilweise können zusätzlich neurologische Symptome vorliegen.

Je höher das Lebensalter, umso eher muss damit gerechnet werden, dass mehrere Noxen sich miteinander kombinieren und so zu einem demenziellen Syndrom führen. Postuliert man bei einem Patienten Alkohol als wesentliche Demenzursache, so müssen die neuropathologischen (z.B. Wernicke-Enzephalopathie) bzw. psychopathologischen Merkmale (mit im Vordergrund stehenden Neugedächtnisstörungen und Frontalhirnsymptomen bei gut erhaltenen kortikalen Werkzeugfunktionen) dazu passen. Sind diese Merkmale nicht vorhanden, so liegt eher eine Alzheimer-Demenz vor, da eine Alzheimer-Demenz natürlich auch bei Menschen vorkommt, die zu viel Alkohol trinken (Schmidtke 2002, Wolter 2006). Oslin et al. (1998) heben hervor, dass eine zweimonatige Abstinenzphase abgewartet werden muss, bevor man sicher zwischen einer dauerhaften Schädigung und den Auswirkungen einer Intoxikation oder eines Entzugs unterscheiden kann.

Mit modernen Untersuchungsverfahren können zwar heute auch feinste Veränderungen im Gehirn nachgewiesen werden. Oft ist jedoch unklar, ob es sich hierbei um *Schäden* handelt oder um *kompensatorische Prozesse* und ob die Veränderungen sich wieder zurückbilden können oder nicht. Häufig sind diese neuropathologischen Auffälligkeiten ebenso diskret wie die nur mit empfindlichen Leistungstests fassbaren neuropsychologischen Veränderungen (Crews et al. 2004, 2005, Pfefferbaum u. Sullivan 2005, Schmidt u. Rist 2006, Sullivan u. Pfefferbaum 2005 Wolter 2011b).

Die größten Risiken für die Ausbildung dauerhafter struktureller Hirnschäden bestehen bei Kokain, Amphetaminen und Ecstasy, geringer ist die Gefahr bei Benzodiazepinen, Cannabis und Opiaten (Dowling et al. 2008, Ersche u. Sahakian 2007). Selbst bei Alkohol ist unklar, inwieweit die reine Alkoholwirkung außer bei dauerhaft extrem hohen Blut-Alkohol-Konzentrationen zu irreversiblen Hirnschäden führt. Wahrscheinlich wirken häufige Entzugssyndrome verschlimmernd. Eine mindestens ebenso große Bedeutung besitzen aber die vielfältigen Alkoholfolgeerkrankungen. Ähnlich verhält es sich beim Rauchen und bei den Opiaten.

Zur Entstehung struktureller Hirnveränderungen tragen nicht nur neuronale Schädigungen, sondern auch Störungen von Regenerationsmechanismen bei (Crews u. Nixon 2009, Wolter 2011b). Das reifende Gehirn ist besonders empfindlich gegenüber schädlichen Einflüssen (Crews et al. 2006) und die kognitive Reservekapazität kann schon frühzeitig geschwächt werden – eine Hypothek bis ins Alter, die dazu führt, dass langsam sich entwickelnde degenerative Demenzerkrankungen früher fassbare Symptome hervorrufen als es ohne diese Vorschädigung der Fall wäre: Die Demenzschwelle wird gesenkt. Die Besorgnis in Politik und Öffentlichkeit angesichts der Zunahme schwerer Alkoholintoxikationen bei jungen Menschen (Komasaufen) ist auch deshalb nur zu berechtigt. Vor diesem Hintergrund wird vor einer massiven Zunahme suchtassoziierter Demenzsyndrome gewarnt (Gupta u. Warner 2008).

Die schwersten suchterkrankungsassoziierten kognitiven Beeinträchtigungen sind das Wernicke-Korsakow-Syndrom und die HIV-Enzephalopathie. Hierbei handelt es sich nicht um direkte Folgen von Suchtmitteln, sondern um indirekte Komplikationen. Die Wernicke-Enzephalopathie ist ein schweres akutes Krankheitsbild aufgrund des Mangels an Vitamin B1 (Thiamin), das unbehandelt in ein chronisches Korsakow-Syndrom, ein amnestisch-konfabulatorisches Syndrom übergeht, wenn es nicht sogar mit dem Tod endet. Die Wernicke-Enzephalopathie verläuft häufig oligosymptomatisch bzw. mit atypischen Symptomen und wird deshalb oft übersehen, insbesondere in somatischen Krankenhäusern, wenn die Patienten sediert sind. Wiederholte, auch subklinische Episoden und Kumulationseffekte sind möglich. Gefährdet sind nicht nur Alkoholiker, sondern auch kachektische alte Patienten. Viele Fälle von »plötzlicher Verschlechterung« einer Demenz dürften auf das Konto klinisch unentdeckter Wernicke-Enzephalopathien gehen (Sechi u. Serra 2007, Sommerlad u. Fehr 2009, Thomson u. Marshall 2006). Die Grenze zwischen dem Korsakow-Syndrom und einer Alkohol-Demenz ist fließend, die Kombination von verschiedenen alkoholassoziierten Schädigungen kommt offenbar häufig vor (Scheurich u. Brokate 2009, Schmidtke 2002, Wolter 2006). Geringfügiger bis mäßiger Alkoholkonsum ist aber nicht mit einem erhöhten Demenzrisiko verbunden (Hulse et al. 2006, Peters et al. 2008).

Alkohol und Benzodiazepine beeinträchtigen bei chronisch-regelmäßigem Konsum die Lernfähigkeit (Barker et al. 2004, Stewart 2005). Verhaltenstherapeuten führen nicht gerne Therapien bei Patienten unter BZD-Medikation durch, da die Lernergebnisse viel schlechter sind. Deshalb bleibt das Demenzrisiko auch noch nach dem Absetzen einer BZD-Dauermedikation dosisabhängig langfristig erhöht (Wu et al. 2011), obwohl BZD nicht neurotoxisch sind und nicht zu Nervenzelluntergang und strukturellen Hirnschäden führen. Das soziale Lernen und der Erwerb von Copingmechanismen und Stressbewältigungsfertigkeiten werden behindert, sodass die Reifung, Weiterentwicklung und Ausdifferenzierung der Persönlichkeit gestört werden. Persönlichkeitsveränderungen bei langjährigem BZD-Konsum sind wesentlich hierauf zurückzuführen. Da das Gehirn auch im Alter noch flexibel auf Anforderungen reagiert, anpassungs- und veränderungsfähig ist, verursacht dieses Weniger an Lernen, diese Nichtbenutzung des Gehirns aber eine Reduzierung der Synapsendichte und damit indirekt doch hirnstrukturelle Veränderungen (Steiner et al. 2011).

Auch das Rauchen führt zu kognitiven Beeinträchtigungen unterhalb der Demenzschwelle (Collins et al. 2009, Sabia et al. 2012) und erhöht das Demenzrisiko (Reitz et al. 2007, Rusanen et al. 2011).

Therapie

Die Entwicklung von Suchterkrankungen und die Einstellung des Erkrankten dazu werden heute als dynamischer Prozess verstanden. Die Entwicklung und gezielte Förderung der Motivation hat sich als zentrales therapeutisches Thema herauskristallisiert. Die *Motivierende Gesprächsführung* (*Motivational Interviewing*, Miller u. Rollnick 2004) ist aus der Suchttherapie nicht mehr wegzudenken. Heute wird nicht mehr davon ausgegangen, dass ein Suchtkranker erst »*in der Gosse liegen muss*«, damit er eine Therapie beginnen kann. Oder anders ausgedrückt, früher galt der Abstinenzwunsch des Patienten als Voraussetzung für die Einleitung einer Therapie, heute ist die

Entwicklung eines Veränderungs- und letztendlich eines Abstinenzwunsches (Etappen-)Ziel des therapeutischen Handelns. *Kurzinterventionen* (max. 3 Sitzungen jeweils unter 60 Min. Dauer) und *Minimalinterventionen* (einmalige kurze Beratungsgespräche oder gezielte schriftliche Informationen) spielen eine große Rolle. Für den riskanten Konsum bzw. den Missbrauch von Alkohol, BZD und Tabak sind ihre Wirksamkeit nachgewiesen. Diese Interventionen kommen in frühen Phasen einer Abhängigkeit zum Einsatz und sind wegen ihres präventiven Charakters der medizinischen Primärversorgung zugeordnet (Blow u. Barry 2000, Lieb et al. 2008, Oslin 2004, Rist et al. 2004).

Im überkommenen Konzept der Sucht-(Alkoholismus-)Therapie mit getrennten Sektoren (ambulante Beratungsstellen, Entgiftung in Akutkrankenhäusern und Entwöhnung in wohnortfernen Rehabilitationskliniken) hat nur ein kleiner Teil der Erkrankten von den Angeboten profitiert, die »vergessene Mehrheit« (Wienberg 1992) wurde nicht erreicht. Heute werden flexible und wohnortnahe Versorgungsstrukturen mit niedrigschwelligen tagesklinischen und ambulanten Settings für die Akutbehandlung ebenso wie für die Rehabilitation bevorzugt. Selbsthilfegruppen spielen eine wichtige Rolle (Scherbaum 1999, Zimmermann et al. 2008).

Dies ist das Ergebnis eines Paradigmenwechsels mit der Abkehr vom starren Konzept der Abstinenz als erstem und einzigem Therapieziel, in dem Rückfälle als Versagen bewertet werden. Heute geht man von einer Hierarchie der Therapieziele aus, in der »harm reduction« eine entscheidende Rolle spielt (Meili et al. 2004). Zumindest bei illegalen Drogen ist der Nutzen der »harm reduction« empirisch gut belegt, weniger hingegen für Alkohol und Tabak (Ritter u. Cameron 2006).

Abstinenz hat sich zu oft als zumindest kurz- und mittelfristig nicht erreichbares Ziel erwiesen. Unerreichbare Ziele aber führen zu Frustration bei Patienten und Therapeuten. Realistische Ziele hingegen mindern diese Frustration und führen bei den Patienten zu einer Zunahme des Selbstvertrauens und der Überzeugung, dass sie in der Lage sind, Kontrolle über die Situation zu gewinnen. In der Hierarchie der Therapieziele geht es zunächst um die Sicherung des Überlebens, eine Aufgabe, die gewissermaßen den Sockel einer Pyramide bildet, und erst auf dieser Basis können weitere Therapieziele aufbauen, nämlich:

➢ die Sicherung des »möglichst guten Überlebens« (Verhinderung von schweren körperlichen Folgeschäden, Sicherung der sozialen Umgebung und Verhinderung sozialer Desintegration),

➢ eine Konsumstabilisierung (Reduzierung von Menge und Konsumexzessen) und

➢ die Verlängerung der drogenfreien Perioden.

Erst dann folgt über Einsicht in die Grunderkrankung – wozu die konstruktive Bearbeitung von Rückfällen gehört – die Akzeptanz des Ziels einer dauerhaften Abstinenz. Die dauerhafte Abstinenz selbst bildet immer noch nicht die Spitze der Pyramide, sie ist nicht Ziel an sich, vielmehr steht am Ende das eigentliche Therapieziel der möglichst autonomen Lebensgestaltung in Zufriedenheit.

Rückfälle werden aus dieser Sichtweise nicht mehr nach einem Schwarz-Weiß-Schema bewertet, sondern entdramatisiert und konstruktiv bearbeitet (Körkel u. Kruse 1997, Meili et al. 2004). Die Sicherung des Überlebens und die Konsumstabilisierung sind auch im Alter von großer Bedeutung.

Alkohol- und BZD-Missbrauch bzw. -abhängigkeit werden im Alter nicht nur oft übersehen, vielmehr werden sinnvolle Entzugs- und Entwöhnungsbehandlungen häufig durch defätistische Einstellungen oder unzutreffende Vorurteile blockiert. Dabei sind die Erfolgsaussichten keineswegs geringer, sondern in vielen Fällen, vor allem beim LOA, sogar größer. Auch die Raucherentwöhnung ist im Alter möglich (Abdullah u. Simon 2006, Schofield 2006). Entzugssyndrome verlaufen im Alter nicht prinzipiell schwerer; Risikofaktoren sind nicht das kalendarische Alter, sondern die Schwere der Suchterkrankung und die somatische Komorbidität.

Für Entzug und Entwöhnung von BZD gelten bei alten Patienten die gleichen Grundsätze wie für jüngere. Auch hier sind abgestufte Ziele möglich. Schon die Dosisreduktion bzw. die Umstellung von einer für alte Menschen ungeeigneten auf eine sinnvollere Substanz sind ein Erfolg (Konsumstabilisierung). Auf der Grundlage einer vertrauensvollen Arzt-Patient-Beziehung ist mit einem klaren Plan im hausärztlichen Setting auch bei alten Patienten der fraktionierte BZD-Entzug ohne negative Effekte oder Einbußen an Lebensqualität und mit Verbesserungen neuropsychologischer Leistungen möglich (Curran et al. 2003, Lader et al. 2009)! Falls die längerfristige Behandlung mit einem Schlafmittel unverzichtbar erscheint, sollte eine Intervalltherapie angestrebt werden (Pollmächer u. Wetter 2008). Mindestens halbjährlich muss mit den Patienten dann die Frage der Weiterverordnung kritisch erörtert werden.

Die Behandlung und Begleitung suchtkranker Mitmenschen ist meistens ein längerfristiger Prozess mit Fortschritten, Rückschritten und Stillstand. Dessen eingedenk ist es wichtig, Geduld aufzubringen und zur richtigen Zeit das Richtige zu tun. So kann nach längeren Phasen des auf der Stelle Tretens plötzlich »*der Knoten platzen*«. Suchterkrankungen sind aber chronische Krankheiten mit häufig ungünstiger Prognose und hohem Rückfallrisiko. Suchtbehandlung im Alter besteht deshalb aus den folgenden Schritten:

➤ Vertrauen aufbauen,
➤ motivieren,
➤ Ziele festlegen,

➤ Verhalten und Konsum stabilisieren,
➤ Richtungswechsel und
➤ weitere Konsumverringerung anstreben.

Die gemeinsam zu vereinbarenden individuellen Ziele müssen für die Patienten bedeutsam sein (z. B. dass die Enkelkinder wieder zu Besuch kommen, Buijssen u. op de Haar 1997).

Suchtbehandlung im Alter verlangt gerontologische Kenntnisse und die Berücksichtigung altersspezifischer Besonderheiten z. B. hinsichtlich der körperlichen und geistigen Leistungsfähigkeit. Spezialisierte Therapieangebote führen offenbar zu besseren Ergebnissen (z. B. Kashner et al. 1992, Kofoed et al. 1987, Oslin et al. 2002, Blow u. Barry 2000, Lieb et al. 2008, Sorocco u. Ferrell 2006). Dabei sind nicht nur inhaltliche Aspekte, sondern auch baulich-organisatorische (Zugänglichkeit und Erreichbarkeit, Uhrzeit usw.) zu berücksichtigen (Tab. 5).

➤ Altershomogene Gruppen bzw. altersspezifische Angebote sind günstiger.
➤ Körperliche u. kognitive Leistungsfähigkeit u. sensorische Beeinträchtigung sind zu berücksichtigen.
➤ Sitzungsdauer eher kürzen.
➤ Mitarbeiter müssen über gerontologische Kenntnisse verfügen.
➤ Altersspezifische Themen (Verlusterlebnisse, Kinder oder Enkel, Kriegserfahrungen usw.) ansprechen.
➤ Ressourcen- statt defizitorientiertes Vorgehen (geriatrisches Prinzip) ist wichtig.
➤ Vermittlung von Fertigkeiten, die beim Wiederaufbau sozialer Netzwerke erforderlich sind.
➤ Vernetzung mit Altenhilfeeinrichtungen fördern.
➤ Religiös-spirituelle Dimension berücksichtigen.
➤ Festlegung des Therapieziels: eigenständige Abstinenz, Nutzung äußerer Kontrollinstanzen oder Stabilisierung des Konsums. Dabei sind Respekt vor der Lebensleistung der Patienten und Geduld notwendig.
➤ Nicht konfrontativ vorgehen und den Patienten überführen wollen.
➤ Anforderungen an Nachsorgeeinrichtungen: gemeindenah und altengerecht (Erreichbarkeit, Zeiten).

Tab. 5:Therapie bei Sucht im Alter (nach Blow 2000, Blow u. Barry 2000, Epstein et al. 2007)

Ausblick

In den USA waren im Jahr 2000 etwa 2,3% der Bevölkerung ab 50 Jahren abhängig von Alkohol und/oder illegalen Drogen, dieser Anteil wird nach Prognosen bis zum Jahr 2020 auf 4,9% anwachsen (Han et al. 2009). Unter den Klienten der öffentlich finanzierten US-amerikanischen ambulanten Suchthilfeeinrichtungen sank der Anteil von Alkohol als primärem Suchtmittel zwischen 1992 und 2005 von 89,4% auf 69% (Lofwall et al. 2008), entsprechend nahm die Bedeutung illegaler Drogen zu. Während in den USA zur Jahrtausendwende nur jeder Zehnte der über 50-Jährigen irgendwann in seinem Leben Erfahrungen mit illegalen Drogen gemacht hatte, war es jeder zweite von den »baby boomers«, den geburtenstarken Jahrgängen (Gforer et al. 2003). Illegale Drogen werden auch bei uns an Bedeutung gewinnen, wobei bei Schlaf- und Beruhigungsmitteln und bei Opiatanalgetika die Grenzen zwischen *Drogenszene* und legalen Drogen verschwimmen.

Mit dem Älterwerden behalten die Menschen ihre Gewohnheiten bei. Die künftigen Alten werden mehr Alkohol und andere Drogen konsumieren, weil sie das in der Adoleszenz und im mittleren Lebensabschnitt auch schon getan haben. Die heutigen Alten konsumieren weniger Suchtmittel, weil sie dies früher auch seltener getan haben. Der Preisverfall bei alkoholischen Getränken spielt ebenfalls eine wichtige Rolle. Für den Medikamentengebrauch und -missbrauch ist von Bedeutung, dass die »baby boomers« die erste Generation sind, die mit der »quick fix«-Mentalität groß geworden ist, d.h. mit der Einstellung, dass es für jedes Lebensproblem und für jedes Unwohlsein eine schnelle und einfache Lösung in Form einer Tablette gibt.

Mit der besseren medizinischen Versorgung verlieren die Gesundheitsschäden als wesentliches Motiv für die Einschränkung des Suchtmittelkonsums an Schrecken. Das gilt nicht nur für chronische Suchtfolgeerkankungen, sondern auch für akute Komplikationen: Jeder Schwerstbetrunkene oder Intoxikierte findet heute leicht eine Notfallambulanz. Veränderte Familienstrukturen, soziale Rollenanforderungen, Idole, Kommunikationsformen, Lifestyle-Klischees und Subkulturnormen sind zweifellos von großer Bedeutung für Missbrauch und Abhängigkeit (Beynon 2009, Dowling et al. 2008, Johnson u. Gerstein 1998). Dies wird auch daran deutlich, dass die Suchtmittelkonsumgewohnheiten der Geschlechter sich angleichen und die Frauen »aufholen«. Das Durchschnittsalter, in dem der Alkoholkonsum begonnen wird, aber auch das Alter, in dem daraus eine Abhängigkeit wird, sinkt beständig (Epstein et al. 2007, Greenfield et al. 2010, Keyes et al. 2008, 2010, 2011).

Nicht nur die Medizin, sondern auch die Altenhilfe sind auf diese kommende Entwicklung nicht vorbereitet. Herkömmliche Senioren- und Pflegeheime tun sich schwer mit »aktiven« Konsumenten, aber auch mit Korsakow-Patienten. Noch größer sind die Herausforderungen durch alternde Drogenabhängige. Nur äußerst selten wird in Heimen professionell mit Suchtproblemen umgegangen. Stattdessen trifft man dort oft auf zwei Extreme: Entweder werden unter dem Deckmäntelchen des Selbstbestimmungsrechts auch bei massivem Alkoholmissbrauch des Heimbewohners beide Augen zugedrückt oder es kommt bei einem noch unproblematischen Alkoholkonsum oder dem Wunsch nach Schlaf- und Schmerzmedikamenten zu unangemessenen verweigernden Überreaktionen. Hier besteht großer Fortbildungs- und Supervisionsbedarf. Fortbildung und Supervision dürfen dabei nicht nur auf medizinisches Wissen und Gesundheitsgefahren fokussieren, sie müssen auch für einen angemessenen Umgang (motivierende Gesprächsführung statt Konfrontation, Etappenziele statt Maximalziele) sensibilisieren.

Es gibt also viel zu tun, nicht nur in der Altenhilfe, sondern auch im Suchthilfesystem und in der Geriatrie und Gerontopsychiatrie sowie bei den Hausärzten! Das wird nicht gegeneinander gehen, sondern nur miteinander (Hollenborg 2011, Vogt 2011, Wolter 2011)!

Literatur

Beynon CM (2009) Drug use and ageing: older people do take drugs! Age Ageing 38(1): 8–10.

Blow FC, Barry KL (2000) Older patients with at-risk and problem drinking patterns: new developments in brief interventions. J Geriatr Psychiatry Neurol 13(3): 115–123.

Dowling GJ, Weiss SR, Condon TP (2008) Drugs of abuse and the aging brain. Neuropsychopharmacology. 33(2): 209–218.

Epstein EE, Fischer-Elber K, Al-Otaiba Z (2007) Women, aging, and alcohol use disorders. J Women Aging 19(1–2): 31–48.

Lieb B, Rosien M, Bonnet U, Scherbaum N (2008) Alkoholbezogene Störungen im Alter – Aktueller Stand zu Diagnostik und Therapie. Fortschr Neurol Psychiatr 76(2): 75–83.

Miller WR, Rollnick S (2004) Motivierende Gesprächsführung. Freiburg (Lambertus).

O'Connell H, Lawlor B (2008) Alcohol and substance abuse in older people. In: Jacoby R, Oppenheimer C, Dening T, Thomas A (Ed) Oxford Textbook of Old Age Psychiatry. (Oxford University Press) 641–662.

Oslin DW (2004) Late-life alcoholism: issues relevant to the geriatric psychiatrist. Am J Geriatr Psychiatry 12(6): 571–583.

Schäufele M (2009b) Riskanter Alkoholkonsum im höheren Alter: Häufigkeit und Folgen – ein Überblick. Suchttherapie 55(5): 266–280.

Schmidt LG, Rist F (2006) Sucht und Folgestörungen. In: Förstl H, Hautzinger M, Roth G (Hg) Neurobiologie psychischer Störungen. Heidelberg (Springer) 297–342.

Sorocco KH, Ferrell SW (2006) Alcohol Use Among Older Adults. J Gen Psychology 133(4): 453–467.

Tyrer P (1993) Benzodiazepine Dependence: a Shadowy Diagnosis. Biochem Soc Symp 59: 107–119.

Wolter DK (2011a) Sucht im Alter – Altern und Sucht. Stuttgart (Kohlhammer).

Korrespondenzadresse:
Dr. Dirk K. Wolter
Psykiatrien i Region Syddanmark
Gerontopsykiatrisk Afdeling Haderslev
Skallebækvej 5
DK-6100 Haderslev
E-Mail: dirk.wolter@psyk.regionsyddanmark.dk1

DER TRAUM

63. Jahrestagung der DGPT

21. bis 23. September 2012 in Lindau/Bodensee
Inselhalle/Hotel Bayerischer Hof

Begrüßungsempfang
am 20. September 2012, 20.00 Uhr
im Lindauer Stadttheater

Nähere Auskünfte erhalten Sie bei der Geschäftsstelle der DGPT:
Johannisbollwerk 20, 20459 Hamburg,
Fon 040 / 75 66 49 - 90, Fax 040 / 75 66 49 - 929
E-Mail: jahrestagung@dgpt.de, www.dgpt.de

112 Jahre nach Erscheinen von Freuds Traumdeutung beschäftigt sich die Tagung, die allen Mitgliedern der Gesellschaft, aber auch interessierten Gästen und Studenten offen steht, mit den klassischen und neuen psychoanalytischen Konzeptionen des Traums, ihrer Verbindung zu den Neurowissenschaften und der heutigen Bedeutung der Traumdeutung für die klinische Arbeit mit Erwachsenen und Kindern in verschiedenen Settings.

Zu den Hauptreferenten gehören
Dipl.-Psych. Yigal Blumenberg, Dr. Raymond Borens, Ilse Grubrich-Simitis, Prof. Michael Günter, Prof. Marianne Leuzinger-Bohleber, Dr. Christian Maier, Dr. Jean-Michael Quinodoz, Prof. Mark Solms u.a.

DGPT

Deutsche Gesellschaft für
Psychoanalyse,
Psychotherapie,
Psychosomatik und
Tiefenpsychologie e.V.

Drogenabhängige im mittleren und höheren Lebensalter
Ergebnisse einer qualitativen Studie

Irmgard Vogt (Frankfurt)

Zusammenfassung

In leitfadengestützten Interviews wurden 50 aktive Drogenabhängige zwischen 45 und 61 Jahren nach ihren sozialen Netzwerken und Beziehungen, ihren Erfahrungen mit Diskriminierung, Exklusion und Inklusion, ihren gesundheitlichen Beschwerden und ihren Hilfenetzwerken im Krankheitsfall befragt. Die Ergebnisse zeigen, dass das Leben von Drogenabhängigen schwierig ist. Das liegt einmal daran, dass sie nicht in ein funktionierendes soziales Netzwerk eingebunden sind. Zum anderen leiden fast alle unter körperlichen Krankheiten und jeder zweite zusätzlich noch unter psychischen Störungen. Fast alle Interviewten benötigen zur Bewältigung des Alltags die Hilfe von Sozialarbeitern und mehr noch im Krankheitsfall, da es sonst niemanden gibt, der sich um sie kümmert.

Stichworte: Drogenabhängige, Soziale Netzwerke, Gesundheit und Krankheit, Sozialarbeit

Abstract: Drug addiction in middle and old age

In structured interviews we asked 50 drug addicts between the age of 45 and 61 to talk about their social networks and relationships, their experience with discrimination, exclusion and inclusion, their health problems and their support networks when falling ill. The results underline the fact that living as a drug addict is difficult. This is due to not being part of a functioning social network. Furthermore, most interviewees suffer from physical illnesses and every second as well from mental disorders. Most of the interviewees need a helping hand from social workers to manage everyday life and more so when sick since there is no one to care for them.

Key words: drug addicts, social networks, health and illness, social work

Einleitung

Drogenabhängige haben heute vergleichsweise gute Überlebenschancen. Da aber ihr Alltagsleben nach anderen Regeln abläuft als das von Nicht-Abhängigen, ist ihr Risiko, relativ früh im Leben zu altern, recht groß. Sie sind chronologisch gesehen früher »alt« als Männer und Frauen, die ihr Leben anders einrichten. Das lässt sich ablesen an den vielen gesundheitlichen Beschwerden und Krankheiten, die das Leben von Drogenabhängigen oft schon im vierten, spätestens jedoch im fünften Lebensjahrzehnt begleiten und prägen. Der Anteil derjenigen, die mit zunehmendem Alter in Krisensituationen psychosoziale Beratung und schließlich dauerhafte psychosoziale Betreuung benötigen, nimmt kontinuierlich zu. Dazu kommt Unterstützungsbedarf bei der Lebensführung und zunehmend häufiger auch Pflegebedarf. Biologisch alt sind viele Drogenabhängige also schon ab 45 Jahren. Obwohl sie, chronologisch betrachtet, in der Lebensmitte stehen, ähneln ihre sozialen Netzwerke eher denen von sehr alten Menschen: Sie sind sehr dünn. Auch diejenigen, die noch in Kontakt mit Familienangehörigen stehen, haben eher lose Beziehungen zu diesen. Das belegen die Ergebnisse unserer Interviewstudie, auf die im Folgenden detailliert eingegangen wird (ausführlicher bei Vogt 2009, 2011, Eppler et al. 2010, 2011).

Studienanlage und Durchführung

Für qualitative, leitfadengestützte Interviews wurden 50 aktive Drogenabhängige rekrutiert, die mindestens 45 Jahre alt sein mussten. Die 50 Interviewpartner und -partnerinnen wurden in (niedrigschwelligen) Kontaktläden der Suchthilfe, in Methadonvergabestellen und in Einrichtungen für Betreutes Wohnen gesucht und gefunden. Vor Beginn des Interviews wurden die Interviewpartner über das Vorgehen bei den Interviews und über die Ziele der Studie informiert; sie haben vor Beginn der Befragung eine Zustimmungserklärung unterschrieben, die auch gleichzeitig die Anonymisierung relevanter Personendaten garantierte. Die Interviews wurden in den Einrichtungen in der Zeit von Februar bis August 2009 in den Städten Frankfurt, Darmstadt und Berlin durchgeführt; sie wurden auf Tonband aufgenommen und anschließend anonymisiert transkribiert. Die durchschnittliche Dauer der qualitativen Interviews lag bei 60 Minuten. Daran schloss sich das Ausfüllen eines kurzen quantitativen Fragebogens an, in dem einige wichtige demografische Daten erhoben wurden.

Auswertungsansätze

Die qualitativen Interviews wurden anhand eines Kategorienschemas auf deduktiver Grundlange des Interviewleitfadens und induktiver Zusammenhänge mithilfe des Programms MAXQDA aufbereitet. In weiteren Schritten wurden aus dem Korpus der Ursprungstexte die Aussagen ausgewählt, die zur Beschreibung der sozialen Beziehungen und Netzwerke sowie zur Gesundheit der Studiengruppe beispielhaft und typisch für ähnliche Aussagen mehrerer Befragter in dieser Gruppe sind. Auf dieser Auswertungsarbeit bauen Interpretationen hinsichtlich der sozialen und gesundheitlichen Lage der älteren Drogenabhängigen in diesem Beitrag auf.

Kurzbeschreibung der Studiengruppe

40 Männer und 10 Frauen haben sich an der Studie beteiligt. Das Durchschnittsalter der Befragten beträgt 52,7 Jahre (Spannbreite: 45–61 Jahre). Das Geschlechterverhältnis unserer Studie entspricht demjenigen in der niedrigschwelligen Drogenhilfe (Cafés für Drogenkonsumenten, Konsumräume usw.) in deutschen Großstädten (Simmedinger u. Vogt 2009). Zum Zeitpunkt der Befragung waren 10% der Befragten verheiratet, 48% ledig, 38% geschieden und 4% verwitwet. 88% lebten allein, die meisten in einer eigenen Wohnung oder einem eigenen Zimmer. 10% waren wohnungslos und lebten in einer Notunterkunft oder auf der Straße. Keiner der Interviewten war zu dieser Zeit erwerbstätig und fast die Hälfte war bereits berentet oder bezog Sozialhilfe. 84% hatten Hafterfahrung (34 Männer und 8 Frauen) mit einer durchschnittlichen Haftdauer von 65 Monaten.

Alle Befragten waren aktuelle Konsumenten von psychoaktiven Drogen. 43 Befragte erhielten ärztlich verordnete Opioide (34 Methadon, 5 Buprenorphin, 2 Diamorphin, 2 ein anderes, nicht spezifiziertes opiathaltiges Medikament). Fast alle Befragten konsumierten darüber hinaus andere psychoaktive Stoffe, in erster Linie Nikotin (Zigaretten), Cannabis, Straßen-Heroin und Alkohol, aber auch Kokain/Crack und Benzodiazepine. Zusätzlich zu Nikotin, Alkohol und den Substitutionsmitteln (Methadon und andere Opioide) hatte jeder Befragte etwa zwei weitere auf dem Schwarzmarkt erworbene psychoaktive Substanzen in unregelmäßiger Häufigkeit konsumiert.

Soziale Beziehungen, soziale Netzwerke, Exklusion und Inklusion

Wir haben unsere Interviewpartner ausführlich nach ihren Beziehungen zur Herkunftsfamilie, zur eigenen Familie und zu Freunden befragt und in engem Zusammenhang damit nach prägenden Erfahrungen der Exklusion oder der Inklusion. Die Antworten ergeben, dass 30 Interviewpartner gar keinen Kontakt mehr zu Mitgliedern ihrer Herkunftsfamilie haben. Das liegt bei einigen daran, dass die Eltern (und Geschwister) bereits verstorben sind – nicht wenige an den Folgen einer Suchterkrankung –, bei allen anderen jedoch an dem mehr oder weniger freiwilligen, oft sehr bewussten Abbruch der Beziehungen. Typisch dafür ist folgende Aussage:

»Ich hab auch total den Kontakt zu meiner Familie, hab ich abgebremst, weil ich hab noch 'n Bruder, der is Unternehmer, wie's halt eben so is: Einer ist das schwarze Schaf und der andere ist ... sehr reich. Aber ich komm mit dem nicht zurecht. Dann hab ich noch ne Schwester, die ist Amerikanerin, die ist in Amerika, die ist auch gut situiert und so ne, aber, die hat mir wahrscheinlich, die hat's mir zwar nie gesagt, aber ich hab immer so das Gefühl, dass sie mir den Vorwurf macht, dass ich halt eben drogenabhängig geworden bin, im Gefängnis war und so. Für sie war das halt so ne Sache, zu sagen, mein Bruder ist im Gefängnis, ist drogenabhängig oder so, ja, da hab ich keinen Kontakt, ne« (Interview 13, m).

Interviewte, die (noch) Angehörige der Herkunftsfamilie haben, unterstellen oft, dass diese ihnen Vorwürfe wegen ihrer Drogenabhängigkeit und ihrer Verurteilungen machen. Sie nehmen weiterhin an, dass die Eltern oder Geschwister sie deshalb ablehnen und keinen Kontakt mehr mit ihnen haben wollen. In den meisten Fällen wurden diese Annahmen und Unterstellungen nie wirklich überprüft. Das ändert nichts daran, dass sie wirksam sind und als Rechtfertigung für den dauerhaften Abbruch der Beziehungen herhalten. Bemerkenswert ist weiterhin, dass die Interviewten sich selbst als aktiv Handelnde beim Beziehungsabbruch darstellen.

In dieser Hinsicht finden sich keine Unterschiede in den Selbstdarstellungen der Männer und der Frauen. Allerdings scheinen Frauen im Vergleich zu den Männern etwas häufiger noch in Kontakt mit Mitgliedern der Herkunftsfamilie zu stehen, wobei die Beziehungen stark durch den Drogenkonsum der Interviewten geprägt sind.

38 der 50 Interviewten haben eigene Kinder. Von diesen haben 11 Männer und Frauen keinen Kontakt mehr zu ihren Kindern. Bei 27 Befragten besteht immerhin noch zu einem der eigenen Kinder Kontakt. Mit den anderen Kindern ist auch bei diesen Interviewten der Kontakt eingeschlafen oder abge-

brochen. Über die Kontaktabbrüche mit den Kindern wird in den Interviews eher wenig berichtet. Gibt es noch Kontakte, dann beschränken sich diese in den meisten Fällen auf Telefonanrufe. Einige wenige Mütter und Väter haben aber auch intensivere Kontakte, die aber nicht ganz einfach sind, wie das folgende Beispiel zeigt:

»I: Siehst du deine Kinder oft?« »Ja. Ich seh' die oft«. »I: Wie viele hast du denn?« »Ich hab', äh, eigentlich drei. Das heißt, äh, zwei leibliche. Die A.-B. Die is' jetzt dreizehn, sieht genauso aus wie ich. Nur nicht mit so 'ner dicken Nase. Und dann ist der D. Das ist mein, das ist der erste Sohn aus meiner ersten Ehe. Äh, und der ist jetzt, äh, zweiunddreißig ... Und kommt auch mich besuchen ... Der is' genau das Gegenteil von mir geworden, nich'? Und, ähm, ich bin auch froh drüber. Irgendwie. Weil, ich möchte den Jungen auch nicht irgendwo auf 'ner Szene sehen. Da wo es mit harten Drogen abgeht. Und so was alles. Na ja. Die A.-B. ist gefestigt genug. Das weiß ich. Und die weiß auch, äh, selbst mit dreizehn, äh, was ich gemacht hab', und, äh, wie es mir geht und alles Mögliche. Und das war auch 'n Grund mit, noch mal zusätzlich dazu, mich von alle dem abzuwenden und deswegen bin ich jetzt hier in Behandlung« (Interview 45, m).*

So wichtig manchen Vätern und Müttern die Kontakte und die Beziehungen zu den eigenen Kindern sind, so schwierig gestalten sie sich. Diese Eltern wünschen sich, dass ihre Kinder sich von ihnen abgrenzen, dass sie – anders als sie selbst – Drogen und die Drogenszene meiden. Manche Eltern arbeiten mit Offenlegung der eigenen Drogengeschichte, ein Vorgehen, das unter Umständen einen hohen Preis hat, denn es ist ja nicht garantiert, dass die Kinder danach noch Kontakt mit diesem Elternteil haben wollen. In dem hier zitierten Beispiel hat dieses Vorgehen offenbar funktioniert.

Immerhin bestehen trotz aller Belastungen bei einer Reihe von Interviewten noch Kontakte und Beziehungen zu den eigenen Eltern und Geschwistern sowie zu den eigenen Kindern. In der Mehrzahl der Fälle handelt es sich um lose Kontakte, die mit Telefonanrufen aufrechterhalten werden. Die allermeisten Interviewten haben jedoch keine Kontakte zu den Müttern und Vätern der eigenen Kinder. Auch andere Partnerschaften sind die Ausnahme. Nur 8 Männer und 3 Frauen sagen, dass sie aktuell eine Partnerin bzw. einen Partner haben, und nur 3 von diesen 12 Personen leben auch mit der Partnerin/ dem Partner zusammen.

Die Mehrzahl der Befragten, die keine feste Bindung an einen Partner oder eine Partnerin hat, bedauert dies »in gewisser Hinsicht«:

»Nein, also ne Partnerin hab' ich nich'. Das schon seit vielen Jahren nich' mehr. Was natürlich auch bedauerlich is' in gewisser Hinsicht« (Interview 38, m).*

Alles in allem genommen ist Partnerschaft bei Drogenabhängigen ein schwieriges Thema, über das sie nicht gerne reden. Das liegt sicherlich zum einen daran, dass die allermeisten der Interviewten aktuell keine Partnerin bzw. keinen Partner haben. Zum anderen weisen alle Aussagen zum Thema Partnerschaft darauf hin, dass große Ambivalenzen bestehen. Man wünscht sich eine Partnerschaft – und dann auch wieder nicht; man bedauert das – aber eher verhalten. Man denkt, eine Partnerschaft könnte stabilisieren – und weicht ihr doch am liebsten aus. Am Ende bleibt man allein. Da auch wenige Kontakte zu Personen bestehen, die keine Drogen nehmen, bleibt man am Ende im Milieu unter sich, aber man ist auch dort allein.

»I: Und sind das auch, äh, Drogenkonsumenten?« »Ja. Entweder noch aktuell oder ehemalig, aber, äh, ja. Das ist einfach immer so die einzige Schiene, wo man sich kennenlernt. Halt über Substitution oder wo man halt ab und zu mal regelmäßiger hingeht« (Interview 36, m).

Fasst man die Angaben zu den sozialen Beziehungen zu Familienmitgliedern und zu Partnern/Partnerinnen und Freunden/Freundinnen zusammen, ergibt sich, dass nur einige wenige gute Beziehungen zu Angehörigen und guten Freunden/Freundinnen haben. Für eine kleine Gruppe ergibt sich, dass die Kontakte zu den eigenen Kindern oder Enkelkindern vergleichsweise gut sind; die Mehrheit der Befragten hat aber auch zu diesen nur sehr lose oder keine Kontakte. Die Beziehungen zu Mitgliedern der Herkunftsfamilie oder der eigenen Familie haben in vielen Fällen stark unter dem Drogenkonsum der Interviewten gelitten bzw. sind als Folge davon zerbrochen. Auch die Beziehungen zu einer Partnerin/zu einem Partner scheinen eher problematisch zu sein. Für viele beschränken sich die sozialen Beziehungen auf Personen aus dem Milieu; sie sind überwiegend flüchtig und nicht selten von Misstrauen geprägt. Im Milieu sind gute Freundschaften wohl eher selten. Insgesamt genommen kann man festhalten, dass die Mehrzahl der Interviewten nur dünne soziale Netzwerke und relativ wenig soziale Kontakte hat.

Die dünnen sozialen Netzwerke implizieren, dass die Interviewten oft allein sind. 14 Befragte klagen offen über Einsamkeit. Der Umgang damit ist aber sehr unterschiedlich. Einige versuchen, die Einsamkeit mit eigenen Aktivitäten zu überwinden. Als Coping-Strategien dienen den Interviewten unter anderem die Möglichkeiten stundenweiser Arbeit (1-Euro-Jobs), die von sozialen Einrichtungen (auch der Drogenhilfe) angeboten werden, sowie andere soziale Aktivitäten.

Andere Befragte ziehen sich bewusst zurück: *»An sich leb ich so zurückgezogen, dass ich … sowieso ausgeschlossen bin von der Gesellschaft – für mich selbst. Ich bezeichne mich dann auch so ja als der, der Außenseiter«* (Interview 50, m).

Der Rückzug in die Isolierung ist aber wahrscheinlich keine ganz frei-willige Wahl, denn den Drogenabhängigen schlägt im Alltag sehr oft offene Diskriminierung entgegen: » *Wenn ich in n' normales Geschäft geh oder äh äh essen gehen möcht oder was, manchmal werde ich in aller Öffentlichkeit gefragt, ob ich überhaupt Geld hab oder ich werd überhaupt nicht rein ge-lassen* « *(Interview 8, w).*

Es gibt aber noch viel krassere Beispiele von Diskriminierung und Isolie-rung: » *Wie ich nach Stadt D. gezogen bin, da hab ich's versucht und hab dummerweise hab ich ähm Schriften von der AIDS-Hilfe in Sperr- äh in Altpapier geworfen ... und der Hausmeister von dem Hochhaus der hat das rausgezogen und hat sämtliche Mieter informiert, ich bin nicht mehr gegrüßt worden, die Kinder wurden weggezogen* «. » *I: Oh. Das is ... bist du dann, bist du dann überhaupt da wohnen geblieben oder bist du dann auch ...* « » *Nee ich bin dann nach Stadt E. gezogen und hab mich trotzdem geweigert, diesen offenen Umgang damit zu beenden, weil ich denke, wenn Menschen aufgeklärt sind, können sie damit umgehen* « *(Interview 40, w).*

In diesem Fall folgen auf eine mehr oder weniger bewusste Provokation eine brutale Stigmatisierung, Diskriminierung und Ausgrenzung. Die Be-troffene hält das nicht lange aus; sie sucht sich eine neue Wohnung in einer anderen Stadt. Aber auch dort will sie nicht klein beigeben, sondern hält daran fest, dass Menschen, die (genügend?) » *aufgeklärt sind* «, fair mit an-deren Menschen, die HIV-positiv sind, umgehen sollten. Die Erfahrungen, die sie beschreibt, gehen in eine andere Richtung: » *Was mir mit HIV halt im Weg liegt, weil ich offen damit umgeh. Und dann wird man ausgegrenzt. Ja. Ja. Das' scheißegal auf der Szene mittlerweile genauso wie wie äh über-überall. Weil, es hat sich schwer geändert. Das ist halt auch die Zeit, wo ich dann gesagt hab, ich muss raus aus der Szene. Ich hab damit nichts mehr zu tun, weil diese Anfeindungen sind so schwierig. Ich versteh die Vorurteile ... bei offenem Umgang mit HIV oder mit Drogen, ich versteh die Vorurteile, die auch Drogenleute haben. Weil ich denke, auf der Szene sind auch viele Moralapostel gelandet ... Grad die Leute auf der Szene kriegen das sofort mit. Die sehen den Unterschied an der Haut, an allem. Und die sprechen einen halt offen drauf an. Man wird auch da ausgegrenzt ... Es ist halt schwierig geworden. Das ist die Doppelmoral, die sich gebildet hat, weil viele Drogenabhängige, die sich infizieren, geben das ja noch nicht mal zu, die verheimlichen das* « *(Interview 40, w).*

Die Ablehnung und die Anfeindungen durch das eigene Milieu und die eigene Szene verschärfen die Lage dieser Interviewten, die auch darum » *raus aus der Szene* « gehen will. Wie sie das konkret umsetzen könnte, dazu findet sich in diesem Interview kein Hinweis.

Drogenabhängigkeit allein und mehr noch in Verknüpfung mit chronischen Krankheiten wie der HI- oder HC-Virus-Infektion sind stigmatisiert (Gofman 1963), die jeweilige Umgebung reagiert entsprechend darauf. Nicht-Drogenabhängige schließen die Drogenabhängigen aus, letztere schließen die kranken Drogenabhängigen aus. Mit der Stigmatisierung geht die Exklusion einher. Die Tendenz geht dahin, die Drogenabhängigen aus öffentlichen Räumen auszuweisen. Im Drogenmilieu ist die Stigmatisierung eher ein Mittel zur Hierarchisierung und zur Statuszuweisung. Das Milieu repliziert damit auf seine Weise die Ordnung der Gesellschaft und verweist diejenigen auf die hinteren Plätze, die sichtbare Zeichen von Krankheit und Schwäche zeigen.

Die Verhältnisse sind jedoch geradezu dialektisch. Die Ausgeschlossenen erleben sich als Eingeschlossene, wie die folgende Aussage nachdrücklich belegt: *»Ja leider, ich hab nicht so viel Kontakt. Ich fühl mich irgendwie hier, ich fühl mich irgendwie hier wie ein Frei–Gefängnis ..., äh, soviel Aktivitäten hab ich nicht außer Schach spielen und in der Einrichtung Z. Kaffee trinken kommen oder zum Essen ab und zu mal, äh, also ansonsten nicht so großartige Aktivitäten«* (Interview 42, m).

Die Gesellschaft schließt die Drogenabhängigen aus bzw. sie schließen sich selbst aus – und finden sich wieder im Drogenmilieu, das sich wie eine Art Gefängnis ohne Mauern anfühlt. Man trifft mehr oder weniger dieselben Menschen an denselben Plätzen. Es gibt eine Art tägliche Routine, die vorgezeichnet ist. Die wenigen, die für ein paar Stunden am Tag arbeiten, entziehen sich für diese kurze Zeit dem täglichen Einerlei. Wirkliche Abwechslung bringt nur der Konsum von Drogen mit einem kurzen Hochgefühl mit Crack oder einem langen Abtauchen in Leere mit Benzodiazepinen. Es kann daher nicht verwundern, dass sich viele der Interviewten ein Leben ohne Drogen nicht mehr vorstellen können.

Wer sich so isoliert fühlt bzw. lebt, hat meistens niemanden, der sich bei psychischen oder physischen Problemen um ihn kümmert. So geht es jedenfalls der Mehrzahl der Studienteilnehmer. Typisch dafür sind folgende Aussagen: *»Wenn ich Hilfe brauch ... ich glaub, muss ich alleine mit klar kommen (lacht). Ja, bei mir gibt's keinen«* (Interview 49, m). *I: Gibt es Menschen, die sich um Sie kümmern, wenn Sie Hilfe brauchen, zum Beispiel, wenn Sie krank sind und Pflege brauchen?«* »*Ja, eigentlich nur die hier vom Haus jetzt also ... Wenn ich im Krankenhaus war oder so was, dann hab ... dann war der halt, ist vom Haus jemand gekommen und hat mit mir, nach mir geguckt, also so ...«* »*I: Also Bewohner oder Sozialarbeiter?«* »*Sozialarbeiter«* (Interview 32, m).

Darauf wird an anderer Stelle zurückzukommen sein.

Aussagen zur Gesundheit und zum Leben im Alter

Aktive Drogenkonsumenten erleben sich sehr oft als gesund, auch wenn sie eine Reihe von chronischen Beschwerden und akuten Krankheiten haben. Das belegen auch für diese Stichprobe die Angaben zur Gesundheit im (quantitativen) Fragebogen. Danach geben nur 5 der 50 Studienteilnehmer keine Krankheiten an. In den Interviews sagen aber 19 Befragte, dass sie sich sehr gesund und sogar »topfit« fühlen.

»Ich bin zwar 60% schwer behindert, einmal wegen der HEP C, dann hat ich äh, ne Operation an der Wirbelsäule gehabt. Da hab ich zwischen dem vierten und fünften Lendenwirbel hab ich keine Bandscheibe, sondern das ist verknorpelt und dann hab ich auf dem linken Auge nur 5% Sehkraft noch, ne. Also daher kommen die 60% Schwerbehinderung, ne. Aber es ist nicht so, dass mich das im Alltag jetzt großartig beeinträchtigt« (Interview 48, m).

Die Aussagen vieler Interviewpartner weisen darauf hin, dass nicht nur Hepatitis-C-Virus-Infektionen (vgl. Eisenbach-Stangl u. Spirig 2010) bagatellisiert werden, sondern auch andere Beschwerden und schwerwiegende Krankheiten. Es ist davon auszugehen, dass im Umgang mit Krankheiten und Schmerzen die ständige Einnahme von Opioiden eine wichtige Rolle spielt, handelt es sich dabei doch um potente Schmerzmittel. Auch darum fühlen sich viele Drogenabhängige von ihren Leiden nicht »großartig beeinträchtigt«, sondern ziemlich gut, und das auch dann, wenn der objektive Befund ganz anders ausfällt. Mit Opioiden und Heroin, manchmal auch noch verstärkt durch Cannabis oder Beruhigungsmittel, lassen sich gesundheitliche Beschwerden gewissermaßen wegdrücken, ein Vorgang, der mit jeder Einnahme von Methadon und jeder Spritze Heroin (allein oder in Kombination mit anderen psychoaktiven Substanzen), die sich die Abhängigen setzen, eine reale Entsprechung hat.

15 der Befragten schildern jedoch sehr eindrücklich die massiven körperlichen Belastungen, die ihnen tagtäglich Probleme bereiten:

»Ja, ich, gesundheitlich, ich hab einen Bandscheibenvorfall, der hat aber, ich kann schlecht laufen also, ich muss mich, wenn ich n' paar hundert Meter lauf, muss ich mich immer mal setzen, dann tut mir das Kreuz weh ... und, äh, ich hab zu hohen Blutdruck, ich hab Hepatitis C. Leber ist natürlich durch die Hepatitis geschädigt. Aber es wird schon ganz gut sein, hat mir meine Ärztin gestern noch gesagt, das hat sich gebessert, also, ich trink nix, ja, kein Alkohol, und ich nehme, wie gesagt, auch kein Drogen mehr, und ich hab im Moment nix was, was ich eigentlich, wo ich, wo ich mich gesundheitlich irgendwie schädigen könnte«. »I: Und Sie kriegen dann Medikamente auch?«

»Ja, ich krieg Medikamente gegen Bluthochdruck, gegen Parkinson'sche, gegen Durchblutungsstörungen, ja, da krieg ich auch Tabletten. Ich hab so sieben Medikamente, die ich nehmen muss« (Interview 32, m).

»Mhm, ich hab, ich bin todkrank geworden durch 'ne Tuberkulose-Meningitis, hab im Rollstuhl gesessen, bin fast gestorben und danach, ändert man sein Ver-, wenn man leben will, ändert man sein Verhalten« (Interview 40, w).

Diese Zitate belegen, wie bedrohlich die gesundheitlichen Belastungen bei einigen Befragten sind. In diesen beiden Beispielen handelt es sich um lebensgefährliche Erkrankungen wie Tuberkulose-Meningitis und um chronische Krankheiten wie Parkinson, Leberschädigung, Bluthochdruck sowie um akute Behinderungen wie durch einen Bandscheibenvorfall. Zur Behandlung der vielen Krankheiten erhalten viele neben ihrer täglichen Dosis an Opioiden einen Cocktail von Medikamenten. Dazu kommt bei fast allen noch Nikotin, bei vielen mehr oder weniger regelmäßig Alkohol sowie wiederum ein Cocktail von »selbst verordneten« Stoffen vom Schwarzmarkt. Wer das alles überstehen will, braucht einen starken Lebenswillen.

Zusammenfassend kann festgestellt werden, dass fast alle Interviewten in irgendeiner Weise die gesundheitlichen Folgen ihres bisherigen Lebensstils spüren, diese aber weitgehend bagatellisieren. Nur in wenigen Fällen macht sich die Multimorbidität für die Befragten in ihrem Alltag bemerkbar, nur relativ wenig Befragte schätzen ihre Gesundheit als weniger gut oder als schlecht ein.

Anders verhält es sich mit den psychischen Beschwerden und Störungen, von denen knapp die Hälfte der Interviewten berichten. Depressionen und Ängste werden von denjenigen, die darunter leiden, sehr oft als sehr belastend und meistens auch als schlimmer als die körperlichen Erkrankungen beschrieben (Eppler u. Kuplewatzky 2010). Typisch dafür ist folgendes Zitat: *»Und ich hab so und so mit Depressionen zu tun. Und Depressionen, das ist 'ne ganz üble Sache aus zweierlei Gründen: man sieht es dir nicht an. Und wenn du jetzt z. B. ein Bein gebrochen hast, ne, wird keiner von dir erwarten, dass du hundert Meter rennen tust, 'ne. Aber wenn du halt seelisch krank bist und dann, wenn man das nicht sieht und funk, funktionierst auch, dann sagt man auch: ›Stell Dich doch nicht so an‹, oder ›Das ist doch alles nicht so wild.‹ Aber seelischer Schmerz der ist schlimmer wie Zahnschmerzen« (Interview 48, m).*

»Vor vier Jahren so ungefähr äh, hab ich angefangen, Panik- und Angstattacken zu bekommen, durch meinen immensen Kokain äh -missbrauch, den ich gehabt hab, noch dazu halt Heroin, äh und da hab ich Panik-, Angstattacken, Todesängste gekriegt und so, ne. Und äh, da wär' ich beinah. Da

hätte es mich beinahe erwischt, sozusagen. Da war – hab ich gewusst, es ist Zeit, entweder du stirbst jetzt, ne, oder du steigst aus, ne, machst was Neues. Naja, da war ich in der Psychiatrie sechs Wochen, erst bin ich in den Entzug gegangen, dann bin ich in die Psychiatrie. Seitdem bin ich hier in Behandlung, bei der Dr. Z. super Ärztin« (Interview 13, m).

In diesem Sample sind es vor allem die Männer, die ihr Leiden an psychischen Störungen und ihre Schwierigkeiten, diese Dritten zu vermitteln, vergleichsweise detailliert beschreiben. Sie setzen ihre psychischen Leiden anschaulich in Beziehung zu körperlichen Leiden und machen auf diese Weise klar, dass die psychischen Störungen bei weitem die Schlimmsten sind, eben *»schlimmer wie Zahnschmerzen«*. Bedenkt man, dass Drogenabhängige sehr oft unter Zahnschmerzen leiden und wegen der in dieser Gruppe besonders weit verbreiteten Zahnarztphobie trotzdem nicht zum Zahnarzt gehen, erschließt sich der tiefere Sinn dieses Vergleichs: Selbst der schlimmste Zahnschmerz ist weniger schlimm als die Depression.

Einige berichten auch davon, wie körperliche Erkrankungen psychische Störung triggern: *»Ja, durch ähm, durch die Hepatitis C also die Leber ist doch ziemlich angeschlagen, ne. Ich hab ne Fettleber, irgendwie, und die Werte sind immer erhöht. Also dadurch entsteht dann schon ab und zu so Müdigkeit, nicht? Abgeschlagenheit, so irgendwie. Dazu kommt dann noch ein bisschen Lustlosigkeit und bla bla bla. Das gibt dann ein schönes Paket. Dann sitzt man zu Hause, manchmal etwas depressiv, so« (Interview 22, m).*

Die gesundheitlichen Probleme prägen bei den meisten Interviewten den Alltag, wenngleich die damit einhergehenden Einschränkungen durch Bagatellisierung weitgehend verdrängt werden. Dieser Umgang mit gesundheitlichen Störungen funktioniert bei den psychischen Störungen weniger gut. Handfeste Depressionen und Angstattacken machen einer recht großen Gruppe der Interviewten das Leben zur Qual. Was viele dann doch am Leben erhält, ist der Wunsch nach Drogen, die mit ihren Wirkungen helfen, den Alltag auszublenden. Kurzfristig funktioniert das ganz gut. Ohnehin beginnt ja für die meisten der Interviewten der Tag mit einer Portion Opioide aus der Ambulanz oder vom Allgemeinarzt. In der Regel kommen dazu noch andere Drogen mit ihren zum Teil sehr unterschiedlichen Wirkungen. Am Ende scheinen alle Drogen nicht auszureichen, um die körperlichen und psychischen Leiden ganz zu verdrängen: Man sitzt zu Hause oder auf der Szene – und ist *»manchmal etwas depressiv«*.

Um nicht allzu depressiv zu werden, hilft es, mit anderen im selben Haus zu wohnen – aber nicht in einer Wohngemeinschaft.

»Ich denke viele sind überfordert mit dem Alleine-Wohnen, weil man wird, je älter man wird als Drogenabhängiger, desto mehr steht man alleine da und

ich denke, damit sind die meisten überfordert. Vor allen Dingen können die meisten Alleinsein gar nicht ertragen und da wär betreutes Wohnen genau der richtige Ansatz meiner Meinung nach. Einfach betreutes Einzelwohnen. Ja, keine WG's, sondern Einzelwohnen ...« (Interview 40, w).

Für sehr viele ist eine gewisse Nähe wichtig, aber es darf nicht zu viel sein. Diese Gruppe wünscht sich, nebeneinander zu wohnen – aber nicht miteinander! Wohngemeinschaften sind komplexer, verlangen mehr Miteinander und mehr Gemeinschaft und das heißt auch: Übernahme von Verantwortung. Sie bieten dafür u. a. mehr Nähe. Für etliche ist das bereits zu viel an Gemeinschaft und Nähe, darauf wollen sie sich nicht einlassen. Auch darum sind Plätze in Einrichtungen für Betreutes Wohnen unter älteren Drogenabhängigen so beliebt: Sie bieten einen festen Wohnplatz, eine gewisse Nähe zu den Mitbewohnern, die man aber auch auf Distanz halten kann. Dazu kommen noch die Betreuung durch die Sozialarbeit und eventuell weitere Hilfsdienste (Haushaltshilfen, Putzdienste, ambulante Pflegedienste usw.). In diesen Einrichtungen wollen die meisten Drogenabhängigen so lange wie möglich wohnen. Im Wunsch nach einem selbst bestimmten Wohnort unterscheiden sie sich nicht von den Nicht-Abhängigen, die ebenfalls so lange wie möglich in ihren eigenen Wohnungen leben wollen.

Auf die Frage, wo und wie sie denn leben wollen, wenn sie mehr Hilfen und mehr Pflege benötigen, gibt es unterschiedliche Reaktionen. Einige verweigern die Antwort und meinen, dass sie sich lieber einen »*goldenen Schuss*« setzen wollen, als pflegebedürftig zu sein. Eine große Gruppe kann sich vorstellen, in einem normalen Altenpflegeheim zu leben.

»Das könnt ich mir insofern vorstellen, dass das halt so ne reine Zweckgemeinschaft wäre dann, wo man sein eigenes Zimmer hat, ne. Wo man die Tür hinter sich zu machen kann und ansonsten so ja, eigentlich miteinander größer nichts zu tun hat, ne. Außer halt sich mal zu unterhalten oder vielleicht gibt's ja gemeinsame Interessen mit irgendjemandem, wo man dann, oder man geht mal zusammen spazieren, und so was kann ich mir eher vorstellen schon« (Interview 48, m).

Eine ebenso große Gruppe lehnt das Zusammenleben mit Nicht-Drogenabhängigen ab: »*Könnt' ich mir überhaupt nicht vorstellen. Also ich weiß auch gar nicht, ob ich mit den Leuten so, dat ist jetzt nicht arrogant oder, oder selbstbesessen oder so, ich, ich, ich, ich hätte auch keine Themen so richtig. Weil man hat sich irgendwie 'n Charakter angewöhnt, Themen angewöhnt, ja, dat is' schwer. Es ist schwer, äh, finde ich, mit ... Nicht-Süchtigen, klarzukommen. Dat is' schwer« (Interview 20, m).*

Oder: »*In einem ganz normalen? Nein, weil äh, ich mein Leben lang immer andere Probleme hatte als sie und ich kann mich da nicht hinsetzen und reden, dass der Nachbar sowieso die Zipperlein hat und was weiß ich. Das ist dann nicht mehr so mein Ding, weißte« (Interview 3, w).*

Manche aus dieser Gruppe wünschen sich »Altersheime« für Süchtige, in denen man die Themen und Probleme kennt und entsprechend miteinander reden kann. Einige wünschen sich zudem, dass dort dann Regeln herrschen, die das Zusammenleben erträglich machen.

Insgesamt genommen bauen die Vorstellungen vom Leben im Betreuten Wohnen, in Wohngemeinschaften oder auch in »Altersheimen« für Drogenabhängige darauf auf, dass die Sozialarbeit eine Art Klammer darstellt, die alles und alle zusammenhält. Sie organisiert die Plätze und die Hilfsdienste, sie steht den Menschen im Alltag und im Krankheitsfall bei, sie kümmert sich um sie, wenn sonst niemand mehr da ist. Hier schließt sich der Kreis.

Diskussion

Auf der Grundlage von qualitativen Interviews mit aktiven Drogenabhängigen zwischen 45 und 61 Jahren wurde untersucht, wie die Klientel ihre sozialen Beziehungen, die Erfahrungen mit Diskriminierung, Exklusion und Inklusion sowie mit körperlichen und psychischen Beschwerden und Leiden und schließlich einige Vorstellungen vom Leben im Alter beschreibt.

Besonders auffallend sind die dünnen sozialen Netzwerke der älteren Drogenabhängigen und der Mangel an sozialen Beziehungen. Wie Smith und Rosen (2009) in ihrer Studie dargestellt haben, liegt das auch daran, dass viele Menschen, mit denen die Klientel in engem Kontakt gestanden hatte, bereits verstorben sind, oft an den Folgen des langjährigen und exzessiven Konsums von psychoaktiven Substanzen (Alkohol oder andere Drogen). Mit zunehmendem Alter bevorzugen es viele, sich in die Isolation zurückzuziehen. Smith und Rosen (2009, vgl. Conner u. Rosen 2008) konnten zeigen, dass es sich dabei sehr oft um Reaktionen auf Verletzungen und Enttäuschungen in Beziehungen handelt. Die Folgen davon sind Beziehungslosigkeit und Einsamkeit. Über diese Gefühle hilft der Konsum von Drogen hinweg, vor allem der von Opioiden, die warme Körpergefühle vermitteln. Im Laufe der Jahre haben die Drogenabhängigen gelernt, die Beziehungen durch Drogen und ihre Wirkungen zu ersetzen. Je mehr Drogen man nimmt, umso mehr verschwimmt die Wahrnehmung, umso unwichtiger ist es, ob man allein oder mit anderen zusammen ist. So verliert sich auch das Gefühl von Einsamkeit.

Viele Drogenabhängige berichten von Erfahrungen mit Ausgrenzung und Stigmatisierung. Wer als Drogenabhängiger »erkannt« wird, muss außerhalb des Drogenmilieus damit rechnen, unfreundlich angesprochen zu werden. Das

Etikett »Drogenabhängigkeit« ist in der Normalgesellschaft negativ besetzt, es stigmatisiert (Anderson u. Levy 2003, Shaw u. Smith 2010). Auch innerhalb des Milieus gibt es solche Ausgrenzungsprozesse, vor allem gegenüber Personen, die die Krankheitszeichen einer fortgeschrittenen HIV-Infektion oder von AIDS nicht mehr verbergen können. Insgesamt überwiegt aber die Erfahrung, von Nicht-Abhängigen ausgegrenzt und von Abhängigen im Milieu inkludiert zu werden. Allerdings entstehen im Milieu nur selten feste und tragfähige Beziehungen. Letztlich ist man auch dort allein. Im Not- und Krankheitsfall sind es die Sozialarbeiter und Sozialarbeiterinnen, auf deren Hilfe die Drogenabhängigen angewiesen sind.

Das ist prekär, da fast alle Befragten unter mehreren ganz verschiedenen Krankheiten leiden (vgl. Vogt 2009). An den ersten Stellen stehen Lebererkrankungen (u.a. chronische Infektionen mit Hepatitis C), Zahnerkrankungen, Probleme mit der Atmung/den Lungen sowie Herz-Kreislauferkrankungen. Etwa jeder zweite Befragte leidet zusätzlich zur Drogenabhängigkeit an mindestens einer weiteren psychischen Störung. Es handelt sich sehr oft um Depressionen und Ängste. Diese Störungen können andere Ursachen haben als die Drogenabhängigkeit; sie können also auch länger bestehen als diese. Allerdings vertiefen sich Depressionen und Ängste mit dem Konsum mancher Drogen und Medikamente sowie mit der Chronifizierung der Drogenabhängigkeit bzw. von anderen chronischen Krankheiten, aber auch mit den Lebensumständen und dem Lebensstil im Milieu. Selbst der teilweise oder vollständige Ausstieg aus dem Konsum der gewohnten psychoaktiven Drogen verstärkt in der Regel Depressionen und Ängste. Es gibt also viele Ursachen und immer neue Auslöser für diese psychischen Störungen, die selbst wiederum die Tendenzen zur Vermeidung von Beziehungen und zur Isolation verstärken. Die Prozesse, das zeigt sich hier, sind ineinander verwoben; sie lassen sich nicht einfach entwirren.

Umso erstaunlicher ist es, dass die Selbsteinschätzungen zur Gesundheit überwiegend positiv ausfallen. Man ist »*topfit*« trotz Multimorbidität und fühlt sich im Alltag trotz erheblicher körperlicher Beschwerden nicht behindert. Insbesondere die körperlichen Behinderungen und Krankheiten werden in aller Regel bagatellisiert und nur in Grenzsituationen für kurze Zeit ernst genommen. Wiederum ist davon auszugehen, dass der Konsum von Opioiden und anderen Drogen dabei hilft, die körperlichen und in gewissem Umfang auch die psychischen Beschwerden aus der Wahrnehmung auszublenden. Opioide helfen, die Schmerzen zu unterdrücken, und allein oder in Kombination mit anderen Stoffen hellen sie die Stimmung auf.

Vergleicht man die Ergebnisse unserer Studie mit der von Rosen et al. (2008) und Shaw und Smith (2010), dann ergeben sich weitgehende Übereinstimmungen. Auch in diesen Studien sind die Belastungen der älteren Drogenabhängigen mit körperlichen Krankheiten hoch, ebenso die mit psychischen Störungen. In der Studie von Shaw und Smith (2010, 23f) weisen einige Befragte ebenfalls darauf hin, dass psychische Störungen für sie schlimmer sind als körperliche Beschwerden. Medikamente wie diejenigen, die man zur Behandlung von Hepatitis C einnehmen muss, verstärken Depressionen. Manche Drogenabhängige, die das wissen und die unter Depressionen leiden, verweigern daher diese Behandlung. Das kann zu einer schleichenden Untergrabung der Gesundheit führen mit der Folge, dass nach einer relativ langen Latenzphase Krankheitsprozesse aufbrechen, die sich nur noch schwer beherrschen lassen.

Die soziale Isolierung und der labile gesundheitliche Zustand der älteren Drogenabhängigen sind mit hohen Anforderungen an die Helfer und Helferinnen verbunden (Beynon et al. 2009). Aus der Sicht der Drogenabhängigen sind das vor allem die Sozialarbeiterinnen und Sozialarbeiter, die in den verschiedenen Einrichtungen arbeiten. Die Drogenabhängigen hoffen und bauen darauf, dass diese sich um sie kümmern, wenn es ihnen schlecht geht und wenn sie professionelle Hilfe brauchen. Sie erwarten viel von der Sozialarbeit, nicht zuletzt die Lösung der Probleme, die sich ergeben, wenn sie dauerhaft pflegebedürftig sind. Ob die Sozialarbeit diese Erwartungen erfüllen kann, wird die Zukunft zeigen.

Literatur

Anderson TL, Levy JA (2003) Marginality among older injectors in today's illicit drug economy: assessing the impact of aging. Addiction 98: 761–70.

Conner KO, Rosen D (2008) »You're nothing but a junkie«: Multiple experiences of stigma in an ageing methadone maintenance population. Journal of Work Practice in the Addictions 8: 244–264.

Degkwitz P, Zurhold H (2010) Die Bedarfe älterer Konsumierender illegaler Drogen. Zukünftige Anforderungen an Versorgungskonzepte in der Sucht- und Altenhilfe in Hamburg.

Eisenbach-Stangl I, Spirig H (2010) Auch Drogenabhängige werden älter ... Zur Lebenssituation einer Randgruppe. Wien (Europäisches Zentrum für Wohlfahrtspolitik und Sozialforschung).

Eppler N, Kuplewatzky N (2010) Lebensqualität trotz Multimorbidität? Wie ältere DrogenkonsumentInnen mit Erkrankungen umgehen. Verhaltenstherapie und psychosoziale Praxis 42: 625–636.

Eppler N, Kuplewatzky N, Vogt I (2011) »Aber seelischer Schmerz, der ist schlimmer wie Zahnschmerzen« Die Sicht von älteren Drogenabhängigen und von Expertinnen und Experten auf die sozialen Beziehungen und die Gesundheit. In: Vogt I (Hg) Auch Süchtige altern. Probleme und Versorgung älterer Drogenabhängiger. Frankfurt (Fachhochschulverlag).

Gofman I (1963) Stigma. Englewood Cliffs (Prentice Hall).

Rosen D, Smith LM, Reynolds CF (2008) The prevalence of mental and physical health disorders among older methadone patients. American Journal of Geriatric Psychiatry 16: 488–497.

Shaw A, Smith A (2010) Senior Drug Dependents and Care Structures – Qualitative Report Scotland. Edinburgh (Scottish Drugs Forum) (http://www.sddcare.eu).

Simmedinger R, Vogt I (2009) Auswertung der Frankfurter Konsumraumdokumentation 2008. Dokumentationszeitraum 01.01–31.12.2008. Frankfurt (ISFF).

Smith ML, Rosen D (2009) Mistrust and self-isolation: barriers to social support of older adult methadone clients. Journal of Gerontological Social Work 25: 653–667.

Vogt I. (2009) Lebenslagen und Gesundheit älterer Drogenabhängiger. Ein Literaturbericht. Suchttherapie 10: 17–24.

Vogt I. (2011) Auch Süchtige altern. Probleme und Versorgung älterer Drogenabhängiger. Frankfurt (Fachhochschulverlag).

Korrespondenzadresse:
Prof. Dr. Irmgard Vogt
Institut für Suchtforschung
Nibelungenplatz 3
60318 Frankfurt am Main
Tel.: 069/94413495
E-Mail: vogt@fb4.fh-frankfurt.de

Suchtgefahr und andere Risiken von (Opiat-)Analgetika – unterschätzt oder übertrieben?

Dirk K. Wolter (Haderslev, Dänemark)

Zusammenfassung

Opiatanalgetika gehören zu den meistverordneten Arzneimitteln, mit steigender Tendenz. Bei Nicht-Tumorschmerzen ist Wirksamkeit einer längerfristigen Behandlung nicht belegt. Die Risiken der Opiatanalgetika sind offenbar größer als vielfach angenommen. Die Gefahr einer Suchtentwicklung wird kontrovers diskutiert. Bei Personen ohne Suchtprobleme in der Vorgeschichte und sachgerechter Anwendung kommt es nur selten zu einer De-novo-Abhängigkeit. Die Diagnose von Substanzmissbrauch oder -abhängigkeit bei Schmerzpatienten ist schwierig. Die hohen Prävalenzangaben für Suchtprobleme bei Schmerzpatienten hängen damit zusammen, dass es nicht selten vorkommt, dass trotz positiver Suchtanamnese Opiatanalgetika verordnet werden. Einerseits mangelt es in einem Teil dieser Fälle an der notwendigen Sorgfalt bei der Indikationsstellung (unzureichende Anamneseerhebung bzw. Prüfung alternativer Behandlungsoptionen). Andererseits bedürfen manche dieser Patienten trotz vorbestehender Suchterkrankung aufgrund körperlicher Erkrankungen einer intensiven Schmerzbehandlung; in diesen Fällen sind besondere Vorsichtsmaßnahmen erforderlich. Durch den demografischen Wandel, den medizinischen Fortschritt und die Zunahme von Suchtproblemen in der Altenbevölkerung als Kohorteneffekt wird die Zahl dieser Patienten weiter anwachsen.

Stichworte: Nicht-Tumorschmerzen, Substanzmissbrauch/Abhängigkeit/Sucht, Sorgfalt der Anamneseerhebung, Schmerzbehandlung

Abstract: Addiction and other side effects with opioid-analgetics – underestimated or exaggerated?

Opiod-analgetics belong to the widest prescribed drugs with prescriptions rasing continuously. Efficacy of long-term treatment in non malignant pain has not been verified. Obviously side effects with opiod-analgetics are more salient than widely assumed. In individuals without any history of substance abuse and with proper application addiction on opiods will rarely occur. It is difficult to diagnose substance use disorders in pain patients. High prevalence rates of substance abuse reported in pain patients are related to the fact that opiod-analgetics are prescribed despite a history of substance abuse in many cases. One the one hand in some of these individuals opioid-prescription is not grounded thoroughly enough (insufficient medical records or lacking search for alternative treatment options). On the other hand some of these patients do need pain treatment because of somatic disease despite their substance use disorder; in these cases certain precautions have to be taken. Due to demographic change, advances in health care, and an increasing rate of older subjects with substance abuse disorders as a cohort effect the number of such patients will be further growing.

Key words: non-malignant pain, substance abuse/dependency/addiction, accuracy of medical history, pain treatment

Einleitung

Die moderne naturwissenschaftlich ausgerichtete Medizin reagiert auf (chronische) Schmerzen oft mit einer Eskalation von apparativer Diagnostik und Pharmakotherapie, die aber nicht immer zu einem befriedigenden Ergebnis führt. Chronische Schmerzen werden deshalb auch als »Koryphäen-Killer-Syndrom« (Beck 1977) bezeichnet. Dementsprechend sind in Deutschland Analgetika die meistverordneten Arzneimittel (im ambulanten Bereich); Opiate werden mittlerweile häufiger verschrieben als Nichtopiatanalgetika (ohne Antirheumatika). Die Verordnung von Opiat- und Nichtopiatanalgetika steigt mit dem Alter kontinuierlich an bis zu den über 90-Jährigen, während die für Antirheumatika nach einem Gipfel in der Kohorte der 75- bis 79-Jährigen deutlich absinkt. Frauen werden deutlich mehr Analgetika verordnet als Männern (Schwabe u. Paffrath 2009).

Während weitgehende Einigkeit darüber besteht, dass Tumorpatienten auch unter hochdosierter Opiattherapie praktisch nicht abhängig werden, ist der Einsatz von Opiaten[1] bei nicht tumorbedingten Schmerzen offenbar riskanter und umstritten (Hermos et al. 2004). Vielfach wird eine Unterversorgung

---

1 Die Begriffe Opiate und Opioide werden heute weitgehend synonym verwendet und bezeichnen neben den natürlich vorkommenden Alkaloiden auch die synthetisch hergestellten Substanzen. Der Begriff Opiode schließt auch die endogenen Substanzen ein. In diesem Text wird die Bezeichnung Opiate verwendet.

von Schmerzpatienten mit wirksamen Analgetika beklagt; das Abhängigkeitsrisiko sei bei bestimmungsgemäßer Anwendung sehr gering, unzureichend behandelte Schmerzen führten zu einem Verlangen nach Analgetika, das als Suchtproblem fehlinterpretiert würde (»Pseudoabhängigkeit«).

Andererseits entsteht klinisch oft der Eindruck, dass stark wirksame Analgetika fehlindiziert verordnet werden und sich nachfolgend eine Abhängigkeit entwickelt. Älterer Literatur zufolge findet man Suchtprobleme bei 12–34% der Schmerzpatienten (Fishbain 2003, Hoffmann et al. 1995, Jage 2002), Medikamentenabhängigkeit bei 3–18% (Fishbain et al. 1992), Benzodiazepine werden von 17% (Kouyanou et al. 1997) bis 30% (Berndt 1993) eingenommen. Die Prävalenz scheint anzusteigen (Kahan et al. 2006). Seltener als bei stark wirksamen Opiaten, aber immer noch häufig ist der Missbrauch des nicht BtM-pflichtigen Tramadol (Freye u. Levy 2000, Ripamonti et al. 2004, Rodriguez Villamañan et al. 2000, Yates et al. 2001); die amerikanische FDA registrierte 912 Fälle zwischen der Markteinführung 1995 und Juni 2001 (Brinker et al. 2002). In einer Studie über zwölf Monate wurde eine Missbrauchsquote von 4,9% für Hydrocodon, 2,7% für Tramadol und 2,5% für nichtsteroidale Antirheumatika festgestellt (Adams et al. 2006). Manche ältere Patienten verkaufen die Opiatanalgetika, die ihnen verschrieben wurden, weiter an Drogenabhängige oder Dealer (Inciardi et al. 2009).

Opiatwirkungen und Opiatabhängigkeit – pharmakologische Aspekte

Das Wirkprofil aller Opiate ist ähnlich, aber nicht identisch. Wichtige Unterschiede finden sich in der Pharmakokinetik (Wirkdauer) und der Rezeptorbindungskinetik (Wirkstärke). Unterschiede in der Rezeptoraffinität verschiedener Opiate führen zu einer unterschiedlich schnellen Toleranzentwicklung. Langfristige Benzodiazepin-Einnahme kann eine antiopioide Wirkung induzieren (Freye u. Latasch 2003). Da es in zahlreichen Organen und Geweben Opiatrezeptoren gibt, sind die Effekte vielfältig. Neben den therapeutisch erwünschten Wirkungen werden folgende unerwünschte Wirkungen beobachtet: Atemdepression, Obstipation, trockene Haut und Schleimhäute, Miosis (d.h. enge Pupillen) und bei chronischem Gebrauch Schlafstörungen.

Im Entzug treten die entgegengesetzten Symptome auf. Je nach Halbwertzeit kommt es unterschiedlich schnell zum Entzugssyndrom mit Unruhe, Depressivität/Dysphorie, Angst, Frieren oder Schwitzen, das nach 24–48 Stunden mit Übelkeit, Erbrechen und Durchfällen, verstärkter Atmung, Tachykardie und Blutdruckerhöhung, Temperaturerhöhung und Dehydratation seinen Höhepunkt erreicht. Auch Atembeschleunigung, Niesen, verstärkter Tränenfluss, Muskelkrämpfe und abdominelle Spasmen treten auf. Dieses Entzugssyndrom ist medizinisch weniger gefährlich als ein Alkoholentzug, aber außerordentlich unangenehm und klingt erst nach einigen Tagen wieder ab. Es kann auch durch Opiatantagonisten wie Naloxon ausgelöst werden, die die Rezeptoren blockieren und so das gewohnte Opiat nicht zur Wirkung kommen lassen; dieser sog. provozierte Entzug kann lebensbedrohlich werden. Die vegetativen Entzugssymptome können durch Clonidin gemildert werden. (Mutschler et al. 2008, Soyka 2008, Zieglgänsberger u. Höllt 2000)

Einzelne Patienten entwickeln unter der Opiatbehandlung eine Schmerzdisinhibition, indem es zu einer Modifikation der neuronalen Aktivität im Sinne einer Senkung der Schmerzschwelle kommt, was zu einer Besserung der Symptomatik nach Entzug der Medikation führen kann. Bei Einnahme kurz wirksamer Substanzen kann es zu »On-off-Phänomen« und Heißhunger nach Opiaten kommen (Reissner u. Banger 2003). Opiate wirken weniger euphorisierend, wenn sie bei Schmerzen eingenommen werden (Savage 2009). Die gefürchtete atemdepressive Wirkung spielt in der Schmerztherapie eine untergeordnete Rolle, weil wahrscheinlich der Schmerz als funktioneller Gegenspieler die atemdämpfende Wirkung reduziert. Bei einer Schmerzreduktion durch andere Maßnahmen (z. B. Lokalanästhesie) kann es deshalb trotz unveränderter Opiatdosis zur Atemdepression kommen. Bei Personen ohne Vorerfahrung kommt es bei der ersten Injektion häufig zu unangenehm erlebten Verwirrtheitszuständen und zu einer Sedierung, bei wiederholten Injektionen tritt die euphorisierende Wirkung immer mehr in den Vordergrund. Entscheidend ist offenbar die rasche Anflutung (Mutschler et al. 2008, Poser u. Poser 1996, Zieglgänsberger u. Höllt 2000). Stabile Serumkonzentrationen wie unter langwirksamen (Retard-)Präparaten erzeugen demgegenüber weniger intensiv Euphorie (Savage 2009).

Eine Opiatabhängigkeit entsteht aufgrund der euphorisierend-sedierenden Wirkung einerseits und der rasch einsetzenden unangenehmen Entzugssymptome andererseits gewöhnlich sehr schnell. Wegen der raschen Toleranzentwicklung sind bei Heroinabhängigen sehr hohe Dosierungen häufig (1000 mg Morphinäquivalent); die Toleranz betrifft auch die Atemdepression. Sie entwickelt sich aufgrund von Adaptationsprozessen der Opiatrezeptoren, nicht durch eine veränderte Metabolisierung. Zwischen den meisten Opiaten besteht eine Kreuztoleranz. Nimmt ein Drogenabhängiger nach längerer Unterbrechung und Rückbildung der Toleranz die frühere Dosis unvermittelt wieder ein, kann es z. B. aufgrund der Atemdepression zu lebensbedrohlichen Effekten kommen (»goldener Schuss«).

Bei chronischem Gebrauch kommt es zu Antriebsmangel und Apathie. Opiate führen nicht zu direkten Organschäden, die gesundheitlichen Probleme sind vielmehr sekundärer Natur. Neben den Menschen in der »Drogenszene« gibt es sozial integrierte Opiatabhängige, die auch früher schon als »Morphinisten« bekannt waren (verbreitet in medizinischen Berufen) (Poser u. Poser 1996).

Diagnose von Opiatmissbrauch oder -abhängigkeit bei Schmerzpatienten

Die diagnostischen Kriterien nach ICD-10 und DSM IV erweisen sich bei Schmerzpatienten als problematisch. Dies gilt insbesondere für Toleranzentwicklung und körperliche Abhängigkeit, d. h. das Auftreten von körperlichen Entzugssymptomen nach dem Absetzen. Die Toleranzentwicklung ist nur schwer abzugrenzen von einer zur effektiven Analgesie erforderlichen Dosissteigerung. Bei Entzugssymptomen handelt es sich um ein zwangsläufiges Resultat der Langzeitbehandlung.

In den Veröffentlichungen zur Langzeitbehandlung mit Opiatanalgetika bleibt häufig unklar, ob Missbrauch und Abhängigkeit von diesen Medikamenten überhaupt Gegenstand der Untersuchung waren oder nicht. Wenn also Suchtprobleme als Komplikation der Behandlung nicht aufgeführt werden, könnte dies entweder bedeuten, dass keine aufgetreten sind, oder aber, dass es Suchtprobleme gegeben hat, die nicht in die Auswertung einbezogen wurden. Die Definition von »Sucht« bleibt nicht selten unklar, und oft wird nicht erläutert, ob die diagnostischen Kriterien gemäß DSM bzw. ICD verwendet wurden. Stattdessen spielen suchtmittelassoziierte Verhaltensauffälligkeiten (»aberrant drug-related behaviors«, ADRB, Tab. 1) sowie Opiat-Nebenwirkungen eine wichtige Rolle (Reissner u. Banger 2003).

Es ist unklar, wie stichhaltig diese »Verhaltensauffälligkeiten« eine Suchtdiagnose begründen können. ADRB umfassen ein Kontinuum von schwachen bis starken Indizien, z. B. das energische Bestehen auf einem Rezept, eigenmächtige Dosiserhöhungen, das Horten von Medikamenten, das Fälschen von Rezepten oder die (zusätzliche) Einnahme von anderen als den verordneten Substanzen, was sich mittels Urinuntersuchung nachweisen lässt. Auch der fehlende Nachweis der verordneten Substanz im Urin wird als ADRB bzw. als besondere Form von Missbrauch gewertet, weil sich häufig der Weiterverkauf des Medikaments in der Drogenszene dahinter verbirgt. (Fishbain et al. 2008, Kahan et al. 2006)

Aus der Sicht von Schmerztherapeuten stellt sich diese Problematik als lästige Begleiterscheinung dar: »Demaskierung des Patienten mit potenziellem

schwache Indizien	starke Indizien	zusätzliche klinische Auffälligkeiten bei Opiatabhängigkeit
• Horten von Tabletten in Phasen geringerer Symptomatik • Beschaffung ähnlicher Medikamente bei anderen medizinischen Einrichtungen • vehementes Einfordern höherer Dosen • unzulässige Anwendung des Medikaments bei anderen Symptomen • einzelne eigenmächtige Dosiserhöhungen • Nachfrage nach bestimmten Präparaten • vom Arzt nicht angestrebte psychotrope Effekte • Urin-Screening negativ	• Verkauf/Weitergabe verschreibungspflichtiger Medikamente • Rezeptfälschung • gleichzeitiger Konsum verwandter illegaler Drogen • Nachweis eines nicht verordneten Opiats im Urin • Nachweis von Stimulanzien im Urin • wiederholtes »Verlieren« von Rezepten • viele eigenmächtige Dosiserhöhungen • Entwenden oder »Leihen« von Tabletten anderer Personen • Rezeptbeschaffung von nichtmedizinischen Quellen • Injektion oraler Zubereitungen	• Einnahme hoher Dosen oder abrupte Dosiserhöhung trotz stabiler Schmerzsituation • Suchterkrankungen in der Familienanamnese • nur ein bestimmtes Opiat wirkt • nachlassende oder schlechte soziale Integration und Funktionsfähigkeit • vorsätzliche Opiatintoxikationen (»binging«) • Opiat-Entzugssymptome • Eingeständnis einer Suchterkrankung • aktuelle Abhängigkeit von anderen Substanzen • therapieresistente affektive oder Angsterkrankungen • widersprüchliche Ergebnisse im Urin-Screening • Besorgnis bei Angehörigen

Tab. 1: Suchtassoziierte Verhaltensauffälligkeiten – ADRB (»aberrant drug-related behaviors«) nach Ives et al. 2006, Kahan et al. 2006.

Missbrauch im Rahmen einer Opioidtherapie« lautet eine Kapitelüberschrift in dem umfassenden Werk des Anästhesisten Freye (2010) über *Opioide in der Medizin*. Der Autor unterstreicht hier, dass »damit gerechnet werden (muss), dass sich angebliche Patienten, nur zum Zweck eines Opioidmissbrauchs, in ein Schmerzzentrum einschleusen« (394), wobei er ebenfalls die o.a. ADBR beschreibt (ohne diesen Begriff zu verwenden).

Anders ist die Perspektive von Psychiatrie und Psychotherapie: Hier sind Diagnostik und Therapie kaum voneinander zu trennen. Das (Erst-)Gespräch mit dem Ziel, das Problem des Patienten zu verstehen und einer diagnostischen

Einordnung näherzukommen, stellt gleichzeitig schon eine (therapeutische) Intervention dar, d. h. die Art und Weise, wie dieses Gespräch geführt wird, ist von großer Bedeutung für den weiteren Behandlungsverlauf. Führt man dieses Gespräch a priori mit der Stoßrichtung, den Patienten des Substanzmissbrauchs überführen zu wollen, wird der sonst vielleicht noch mögliche Weg zu einer positiven Entwicklung versperrt. Deshalb ist es - zumindest bei neuen, noch unbekannten Patienten - sinnvoll, sich dem Thema nach den Grundsätzen der motivierenden Gesprächsführung (Miller u. Rollnick 2004) zu nähern.

Die Bedeutung einer positiven Suchtanamnese

Ein weiteres Problem besteht darin, dass Untersuchungen zur Prävalenz von Suchtproblemen bei Opiatanalgetika-Patienten oft keine Auskunft darüber geben, ob in der Vorgeschichte der betreffenden Personen bereits eine Suchterkrankung vorgelegen hatte oder nicht. Damit bleibt meist unklar, wie groß das Risiko der Neuentstehung einer Abhängigkeit (de-novo-Abhängigkeit) ist. Fishbain et al. (2008) sind dieser Frage in einer umfassenden systematischen Übersichtsarbeit nachgegangen. Wenn explizit nach Suchtproblemen gefragt wurde, wird die Prävalenz von Sucht oder Abhängigkeit bei Opiatanalgetika-Langzeitbehandlungen mit 3,27% und die Rate von ADRB's mit 11,5% angegeben. Werden nur die Personen betrachtet, bei denen zuvor sicher noch keinerlei Substanzabhängigkeit bestand, verringern sich die Raten auf 0,19% bzw. 0,59%. Bei der Beschränkung auf Personen ohne Opiatabhängigkeit in der Anamnese (andere Suchterkrankungen können also vorgelegen haben) beträgt die Prävalenz von Sucht oder Abhängigkeit hingegen 4,35%, ein Hinweis auf das erhöhte Risiko bei positiver Suchtanamnese bzw. auf die Austauschbarkeit des Suchtmittels.

Dabei ist eigentlich gut bekannt, dass Patienten mit eigener Suchtvorgeschichte – aber auch mit positiver Familienanamnese – ein erhöhtes Risiko für die Entwicklung einer Opiatanalgetika-Abhängigkeit aufweisen (Edlund et al. 2007, Ives 2006, Michna et al. 2004). In einer Untersuchung lag bei 17% der männlichen und 10% der weiblichen Opiatpatienten, die vom Hausarzt behandelt werden, eine positive Suchtvorgeschichte vor (Saffier et al. 2007).

Katz et al. (2007) interpretieren demgegenüber die vorliegenden Daten so, dass es auch ohne positive Suchtanamnese zum Missbrauch von verschreibungspflichtigen Opiaten – gewöhnlich mit nur phasenweiser Einnahme verschiedener legal oder illegal erworbener Präparate beginnend – kommen kann, wobei in Einzelfällen eine Zuspitzung bis zum intravenösen Konsum möglich ist. Die Autoren weisen darauf hin, dass auch Heroinabhängige verschreibungspflichtige Opiate konsumieren.

Eine weitere bemerkenswerte Erkenntnis der Übersicht von Fishbain et al. (2008) betrifft die Ergebnisse des Drogenscreenings im Urin. Danach kann in 20,4% der Fälle das verordnete Medikament nicht nachgewiesen werden bzw. es ergibt sich ein positiver Befund für eine andere Substanz als die verordnete. Ersteres kann ein Hinweis darauf sein, dass das verordnete Medikament weiterverkauft wurde. Außerdem wurden bei 14,5% der Untersuchten illegale Drogen nachgewiesen (Fishbain et al. 2008).

Wie austauschbar die Suchtmittel sein können, zeigt eine norwegische Studie. Der Gebrauch von Benzodiazepinen im fünften Lebensjahrzehnt war mit einer erhöhten Wahrscheinlichkeit für die Einnahme von Opiaten 20 Jahre später assoziiert. Dieser Zusammenhang galt jedoch nur für Personen, die Alkohol trinken, nicht für Abstinenzler (Skurtveit et al. 2008).

Die Bedeutung einer strengen und sorgfältigen Indikationsstellung

Wenn das de-novo-Suchtpotenzial von Opiatanalgetika an sich gering ist und gleichwohl hohe Prävalenzraten berichtet werden, so lässt sich daraus folgern, dass die Medikamente häufig solchen Patienten verordnet werden, die sie aufgrund ihrer Suchtvorgeschichte eigentlich nicht erhalten sollten. Das Risiko liegt dann also weniger im Medikament selbst als im ärztlichen Verordnungsverhalten.

Hierbei spielt sicher nicht selten mangelnde Sorgfalt bei der Anamneseerhebung und der Indikationsstellung eine Rolle. Ob dieser Vorwurf in allen Fällen berechtigt ist, muss allerdings hinterfragt werden. Die Zahl älterer Menschen mit Suchtproblemen nimmt zu, weil einerseits der Suchtmittelkonsum seit Jahrzehnten immer freizügiger geworden ist und die Konsumgewohnheiten im Alter beibehalten werden, und weil andererseits durch die bessere medizinische Versorgung die Lebenserwartung Suchtkranker steigt (Beynon 2009, Dowling et al. 2008, Han et al. 2009). Ältere Suchtkranke sind aber ebenso – oder sogar noch stärker – von der altersassoziierten Multimorbidität betroffen wie ihre nicht suchtkranken Altersgenossen. D.h., dass die Zahl der Senioren wächst, die einerseits ein Suchtproblem haben, bei denen aber andererseits aufgrund körperlicher Erkrankungen gleichwohl eine intensive analgetische Behandlung indiziert sein kann. In solchen Fällen sind besondere Vorsichtsmaßnahmen bei der Verordnung zu treffen (Tab. 2).

Risikopatient (positive Familienanamnese)	Opiate erst nach angemessenen Versuchen mit Nicht-Opiat-Analgetika Verschreibung kleiner Mengen, Ab- und Nachzählen der Tabletten regelmäßige Urinkontrollen Vermeidung von Opiaten mit hohem Suchtpotential Tagesdosis unter 300 mg Morphinäquivalent
Patient mit aktueller Abhängigkeit von anderen Substanzen	Opiate gewöhnlich kontraindiziert, Zuführung zu regulärer Suchtbehandlung
Patient mit Verdacht auf Opiatmissbrauch, der • organisch erklärbare Schmerzen hat, • sein Opiat nur vom behandelnden Arzt erhält, • sein Opiat nur in oraler Form einnimmt, • aktuell nicht von anderen Substanzen abhängig ist	Versuch einer strukturierten Opiatbehandlung: • engmaschige Medikamentenvergabe (täglich, mindest zweimal wöchentlich), • regelmäßige Urinkontrollen (ein- bis viermal monatlich), • Ab- und Nachzählen von Tabletten bzw. Pflastern, • Umstellung der Behandlung auf retardierte Formen, • Vermeiden parenteraler und kurzwirksamer Zubereitungen, • Vorsicht mit dem aktuell vom Pat. eingenommen Opiatund besonders mit Oxycodon und Hydromorphon, • schrittweise Reduktion wenn Tagesdosis über 300 mg Morphinäquivalent
Patient mit Verdacht auf Opiatmissbrauch • nach gescheitertem Versuch einer strukturierten Opiatbehandlung, • ungeeignet für die strukturierte Opiatbehandlung (Injektion von oralen Zubereitungen, Abhängigkeit von anderen Substanzen, Beschaffung aus anderen Quellen usw.) oder • eindeutig opiatabhängig	Substitutionsbehandlung mit Methadon oder Buprenorphin: • tägliche überwachte Medikamentenvergabe, • schrittweise Einführung von »take-home«-Dosen, • häufige Urinkontrollen, • Beratung und medizinische Betreuung

Tab. 2: Vorgehen bei Gefahr/Verdacht auf Opiatabhängigkeit im Rahmen einer Schmerzbehandlung (nach Kahan et al. 2006)

Pharmazeutische Aspekte

Die Arzneimittelhersteller bemühen sich, durch Veränderungen von Galenik und Darreichungsformen das Suchtrisiko zu verringern. So wurden gemischte Opiat-Agonisten/Antagonisten sowie Partialagonisten in der Hoffnung entwickelt, auf diese Weise Medikamente mit guter analgetischer Wirkung bei geringerem Abhängigkeitspotenzial zur Verfügung zu haben. Diese Hoffnungen haben sich bis heute nur teilweise erfüllt. So scheint das Suchtrisiko bei retardierten Präparaten aufgrund der deutlich langsameren Anflutung geringer zu sein. Hierzu zählen auch die in den letzten Jahren in immer differenzierteren Varianten verfügbaren Pflasterzubereitungen von Fentanyl und Buprenorphin (»transdermale therapeutische Systeme«). In der Drogenszene werden solche Pflaster, die nach der vorgesehenen Verwendung in den Müll gegeben wurden, weiterverwendet; sie werden aus Abfalltonnen herausgesucht und ausgekocht und der Extrakt wird injiziert. Einige Opiate werden als Hustenmittel eingesetzt (Kodein, Dihydrokodein, Hydrocodon, Dextrometorphan), auch hier kommt Missbrauch vor. (Mutschler et al. 2008, Zieglgänsberger u. Höllt 2000)

Pharmakologische Aspekte im Alter

Die Opiatrezeptoren bei alten Menschen reagieren wie bei jüngeren, die pharmakodynamischen Wirkungen sind im Alter nicht wesentlich verändert (Freye u. Levy 2004). Allerdings tritt aufgrund des verminderten Herzzeitvolumens und der Abnahme der peripheren Durchblutung die Wirkung von Opiaten bei alten Menschen später ein und es ist generell mit einer Wirkungsverlängerung zu rechnen. Zur Erzielung einer suffizienten (postoperativen) Analgesie sind im Alter ähnliche Wirkstoffkonzentrationen erforderlich wie bei Jüngeren. Übelkeit und Obstipation treten bei alten Menschen wahrscheinlich öfter auf. Angesichts der im Alter häufigen Polypharmazie ist an Arzneimittelinteraktionen zu denken. So können z. B. Protonenpumpenhemmer einige Antihypertensiva und Kalzium-Antagonisten die atemdepressive und analgetische Wirkung verstärken, eine Wirkungsverlängerung ist bei der gleichzeitigen Gabe des Antibiotikums Erythromycin zu erwarten (Freye 2010). Hydromorphon besitzt nur ein sehr geringes Interaktionsrisiko, es stellt auch die erste Wahl bei Niereninsuffizienz dar. Bei Leberinsuffizienz ist bei den meisten Opiatanalgetika von einem Kumulationsrisiko auszugehen, beim Tilidin allerdings kommt es zum Wirkungsverlust, weil der aktive Metabolit aus dem Prodrug Tilidin nicht mehr ausreichend gebildet werden kann (Willenbrink 2009).

Große Effektivität bei kleinem Risiko?

Opiate werden mittlerweile in doppelter Hinsicht kritischer betrachtet als noch vor einigen Jahren. Dies betrifft nicht nur das Suchtrisiko, sondern auch die Fragen von Wirksamkeit und unerwünschten Wirkungen (Ballantyne 2006, Sorgatz et al. 2009).

Bei kurzzeitiger Anwendung (wenige Tage/Wochen) sind Opiatanalgetika auch in der Behandlung von Nicht-Tumorschmerzen wirksam und – abgesehen von Übelkeit und Obstipation – gut verträglich (Furlan et al. 2006). Die Datenlage hinsichtlich längerfristiger Therapie ist hingegen sehr dürftig und rechtfertigt die heutige breite Anwendung keinesfalls, so die deutsche S3-Leitlinie »Langzeitanwendung von Opiaten bei Nicht-Tumorschmerzen« (LONTS: Sorgatz et al. 2009).

Kernaussagen der S3-Leitlinie Langzeitanwendung von Opioiden bei nicht tumorbedingten Schmerzen (LONTS) (Sorgatz et al. 2009)

Bewirken opioidhaltige Analgetika in einer Langzeitanwendung (3 Wochen bis 3 Monate) Schmerzlinderungen?
Ja, jedoch gehen aus den Daten methodisch akzeptabler RCTs zur Anwendung von opioidhaltigen Analgetika mit einer Studiendauer von drei Wochen bis drei Monaten in der Regel nur klinisch schwache, wenngleich teilweise statistisch signifikante Schmerzlinderungen hervor, die ausschließlich auf eine Anwendung von opioidhaltigen Analgetika zurückgeführt werden können.

Wirken bei Langzeitanwendung opioidhaltige Analgetika stärker schmerzlindernd als nicht opioidhaltige Analgetika?
Nein, opioidhaltige Analgetika sind in der Langzeitanwendung bei Patienten mit CNTS analgetisch nicht wirksamer als nicht opioidhaltige Analgetika. Der Nachweis eines Wirkungsvorteils zugunsten einer Substanzklasse ist bisher nicht gelungen.

Wirken WHO-Stufe II und WHO-Stufe III Analgetika oder Kombinationspräparate mit Opioidantagonisten und reinen Opioidagonisten unterschiedlich stark schmerzlindernd?
Nein, opioidhaltige Analgetika der WHO-Stufe III sowie Kombinations-

präparate (Oxycodon/Naltrexon) sind in der Langzeitanwendung bei Patienten mit CNTS nicht wirksamer als WHO II Präparate. Der Nachweis eines Wirkungsvorteils zugunsten einer Substanzklasse ist bisher nicht gelungen.

Vergrößert sich die Schmerzlinderung bei einer Verlängerung der Anwendung von Analgetika über sechs Wochen hinaus?
Nein, aus RCT-Daten zur Anwendung von opioidhaltigen und nicht opioidhaltigen Analgetika mit Studiendauer von sieben Wochen bis drei Monaten ist eher eine geringere als größere Schmerzlinderung abzuleiten als aus Daten für einen Anwendungszeitraum von drei bis sechs Wochen. Bisher ist es trotz umfangreicher Versuche nicht gelungen, eine mit der Anwendungsdauer zunehmende Schmerzlinderung zu belegen.

Gibt es Belege für die analgetische Wirksamkeit von Opioiden bei einer Daueranwendung (länger als drei Monate bis mehrere Jahre)?
Nein, nach umfangreichen systematischen Datenerhebungen an über 2400 Patienten mit CNTS in 10 unkontrollierten Studien ist es bisher nicht gelungen, die Wirksamkeit opioid-haltiger Analgetika bei Anwendungszeiträumen von länger als drei Monaten mittels publizierter Daten aufzuzeigen.

Abkürzungen: RCT = randomised controlled trial (randomisierte kontrollierte Studie); CNTS = chronische, nicht tumorbedingte Schmerzen

Während einer US-amerikanischen Publikation zufolge die Anwendung über sechs Monate hinaus bei niedriger bis moderater Dosierung nebenwirkungsarm sein soll (Manchikanti et al. 2009), haben große Kohortenstudien jüngst dieser These der Harmlosigkeit von Opiaten den Boden entzogen. So ist das Pneumonierisiko erhöht (stärker als unter Benzodiazepinen, Dublin et al. 2011). Frakturen und notfallmäßige Krankenhausaufnahmen kommen häufiger vor als unter nichtsteroidalen Antirheumatika (NSAIR) und Coxiben, auch die Gesamtmortalität ist im Vergleich dieser drei Gruppen unter Opiaten signifikant am höchsten (Solomon et al. 2010). Außerdem besteht bei hohen Dosierungen die Gefahr einer tödlichen Überdosierung (bei chronischen Nicht-Tumorschmerzen bis siebenfach erhöhtes Risiko gegenüber einer Niedrigdosis, Bohnert et al. 2011). Erstaunlicherweise ist das Risiko gastrointestinaler Blutungen unter NSAIR und Coxiben nicht größer als unter Opiaten, möglicherweise weil die Patienten zusätzlich NSAIR einnehmen – was aber dafür spräche, dass die analgetische Wirkung von Opiaten bei Nicht-Tumorschmerzen (»Koryphäen-Killer-Syndrom«) nicht besser ist als die anderer Interventionen. Negative Einflüsse auf psychische Funktionen, wie z. b. auf die Affektivität, werden kontrovers diskutiert (Christo et al. 2004), sie werden in Studien allerdings kaum bestätigt (z. B. Won et al. 2006).

Opiatanalgetika und Kognition

Verschiedene Autoren betonen, dass bei bestimmungsgemäßer Anwendung von Opiaten im Rahmen der Schmerzbehandlung keine relevanten kognitiven Beeinträchtigungen auftreten (Agarwal et al. 2007, Ersek et al. 2004, Furlan 2006, Won et al. 2006). Für einzelne neuropsychologische Domänen wird sogar von einer geringfügigen Verbesserung berichtet (Jamison et al. 2003, Tassain et al. 2003). Kognitive Einbußen sollen eher von psychologischen Variablen und der Schmerzintensität als von der Art des Präparates oder der Dosis abhängen (Brown et al. 2006). Auch die Fahrtauglichkeit wird gruppenstatistisch nicht beeinträchtigt (Gärtner et al. 2006, Menefee et al. 2004), wobei allerdings im Hinblick auf die großen interindividuellen Verträglichkeitsunterschiede zu vorsichtiger Dosierung aufgerufen wird (Dagtekin et al. 2007). Diese optimistische Risikoeinschätzung gilt vor allem für retardierte Zubereitungen inkl. Pflaster, während die zusätzliche Gabe unretardierter Opiate amnestische Einbußen hervorrufen kann (Kamboj et al. 2005). Sedierung und kognitive Beeinträchtigungen werden als adaptionsassoziierte Probleme aufgefasst, die initial oder bei (rascher) Dosissteigerung auftreten (Swegle u. Logemann 2006).

Allerdings wird eingeräumt, dass bei Patienten mit vorbestehender, evtl. gerade noch kompensierter kognitiver Schwäche und beim Hinzutreten (akuter) somatischer Erkrankungen durchaus Probleme auftreten können (Swegle u. Logemann 2006). Alter und Multimorbidität schaffen hier eine komplizierte Ausgangssituation, was z. B. dazu führt, dass postoperativ bei alten Patienten keine enge Korrelation zwischen klinischer Sedierung und Serumkonzentrationen von Sedativa/Analgetika besteht (Masica et al. 2007). Jeder praktizierende Gerontopsychiater kennt schließlich Patienten, die unter einer Opiatmedikation teils erhebliche kognitive Beeinträchtigungen aufweisen, die nach dem Absetzen reversibel sind (Kasuistiken bei Künig et al. 2006). Das geringste delirogene Potenzial besitzen wahrscheinlich Oxycodon, Tilidin/Naloxon und Buprenorphin, letzteres wirkt allerdings deutlich sedierend (Burkhardt 2010). Im (frühen) Opiatentzug treten deutliche allgemeine kognitive Einbußen auf (Arbeitsgedächtnis, Exekutivfunktionen, fluide Intelligenz) (Rapeli et al. 2006). Auch hier besteht bei Patienten mit vorbestehender, evtl. gerade noch kompensierter kognitiver Schwäche eine besondere Delirgefahr.

All diese Nebenwirkungen einer Opiatmedikation verweisen einmal mehr auf die Notwendigkeit einer strengen Indikationsstellung inklusive einer sorgfältigen Anamneseerhebung.

Umgang mit Opiatmissbrauch oder -abhängigkeit bei Schmerzpatienten

In suchtmedizinischen Publikationen wird die Abhängigkeit von ärztlich verordneten Opiatanalgetika ausgeklammert oder allenfalls am Rande behandelt. Über die Empfehlung des ausschleichenden Abdosierens hinaus gibt es hier keine allgemeine Richtlinie, die Behandlung sei »individuell durchzuführen« (Poser et al. 2006). Bei dieser individuellen Behandlung geht es darum, dem Patienten zu einer anderen Sichtweise im Umgang mit seinem Schmerzproblem zu verhelfen. Wichtig ist es, starke Entzugssymptome zu vermeiden und die Opiatanalgetika fraktioniert abzudosieren, wobei Patienten in die Entscheidungen über Abdosierungsschritte einbezogen werden sollten (»shared decision making«). Die »Entwöhnung« von Opiatanalgetika muss also in einen umfassenden Behandlungsplan eingebettet sein, zu dem die multimodale Schmerzbehandlung gehört. Psychiatrische Komorbiditäten und Risikofaktoren für Rückfälle (wie Auftreten von Schmerzen und negatives psychisches Befinden) müssen dabei berücksichtigt werden. Schließlich sind die Prinzipien der suchtmedizinischen Therapie (Regeln für die Ausgabe und Einnahme von Medikamenten, Teilnahmeverpflichtung an Therapien, Kontrolle von Beikonsum und Rückfällen) zu beachten (Banger u. Reissner 2003).

Empfehlenswert ist ein offener Umgang mit dieser Thematik: Allzu oft diskutieren Ärzte das Problem nur untereinander, ohne die Patienten einzubeziehen. Die Problematik ist genauso mit Patienten zu besprechen wie andere medizinische Sachverhalte auch, nämlich in respektvoller Weise, bei der zugleich die begründete Besorgnis des Arztes zum Ausdruck kommt. Diese Herangehensweise hilft, vorbestehende Suchtprobleme nicht zu übersehen und die tatsächlich erforderliche Schmerzbehandlung sinnvoll zu gestalten. Patienten fürchten häufig, dass die Art und Weise, wie der Arzt sie behandelt, negativ beeinflusst wird, wenn das Thema Sucht im Raum steht (Savage 2009). Die Anwendung der Prinzipien der motivierenden Gesprächsführung (Miller u. Rollnick 2004) hilft, die Tür zum Dialog mit dem Patienten zu öffnen.

Fazit

Opiatanalgetika sind zweifellos segensreiche Medikamente, die das Leid von Karzinompatienten ebenso lindern können wie die akuten Schmerzen perioperativ bzw. im Rahmen anderer Erkrankungen. Ihr längerfristiger Einsatz bei chronischen Nicht-Tumorschmerzen sollte jedoch allenfalls mit großer Vorsicht erfolgen, weil die Wirksamkeit unsicher, die Risiken hingegen beträchtlich sind.

Bei der Behandlung von Menschen mit solchen (chronischen) Schmerzsyndromen ist immer die psychosomatische Dimension und der Beziehungsaspekt im Kontext der individuellen Lebenssituation zu berücksichtigen. Die »Schmerzbehandlung« liegt in Deutschland überwiegend in der Hand von Anästhesisten, die genau dies in der Regel nicht gelernt haben und häufig nur den *Schmerz* behandeln wollen, nicht den an Schmerzen leidenden *Patienten*. Auch der Halbgott in Weiß und Gebieter über ein Arsenal an Wunderdrogen entgeht dem Koryphäenkiller nicht.

Wichtige Literatur

(Das vollständige Literaturverzeichnis findet sich auf der Homepage von PiA.)

Ballantyne JC (2006) Opioids for chronic nonterminal pain. South Med J 99(11) 1245–55.

Banger M, Reissner V (2003) Therapie der Opiodabhängigkeit. In: Egle UT, Hoffmann SO, Lehmann KA, Nix WA (Hg) Handbuch Chronischer Schmerz: Grundlagen, Pathogenese, Klinik und Therapie aus bio-psycho-sozialer Sicht. Stuttgart (Schattauer) 346–351.

Fishbain DA, Cole B, Lewis J, Rosomoff HL, Rosomoff RS (2008) What percentage of chronic nonmalignant pain patients exposed to chronic opioid analgesic therapy develop abuse/addiction and/or aberrant drug-related behaviors? A structured evidence-based review. Pain Med 9(4): 444–459.

Freye E (2010) Opioide in der Medizin. 8. Aufl. Heidelberg (Springer).

Jage J (2002) Suchtprobleme bei Schmerzpatienten. In:. Gralow I, Husstedt IW, Bothe HW, Evers S, Hürter A, Schilgen M (Hg) Schmerztherapie interdisziplinär Stuttgart (Schattauer) 432–437.

Kahan M, Srivastava A, Wilson L, Gourlay D, Midmer D (2006) Misuse of and dependence on opioids: study of chronic pain patients. Can Fam Physician 52(9): 1081–1087.

Reissner V, Banger M (2003) Opiodabhängigkeit und chronischer Schmerz. In: Egle UT, Hoffmann SO, Lehmann KA, Nix WA (Hg) Handbuch Chronischer Schmerz: Grundlagen, Pathogenese, Klinik und Therapie aus bio-psycho-sozialer Sicht. Stuttgart (Schattauer) 140–149.

Savage SR (2009) Opioid Therapy of Pain. In: Ries RK, Fiellin DA, Miller SC, Saitz R Principles of Addiction Medicine. 4th Ed. Philadelphia (Lippincott Williams & Wilkins) 1329–1352.

Solomon DH, Rassen JA, Glynn RJ, Garneau K, Levin R, Lee J, Schneeweiss S (2010) The Comparative Safety of Opioids for Nonmalignant Pain in Older Adults. Arch Intern Med. 170(22): 1979–1986.

Sorgatz H, Reinecke H, Lange K et al. (2009) Langzeitanwendung von Opioiden bei nicht tumorbedingten Schmerzen (LONTS). S3-Leitlinie: http://www.awmf.org/uploads/tx_szleitlinien/041-003l.pdf – Zugriff 29.10.2011

Korrespondenzadresse:
Dr. Dirk K. Wolter
Psykiatrien i Region Syddanmark
Gerontopsykiatrisk Afdeling Haderslev
Skallebækvej 5
DK-6100 Haderslev
E-Mail: dirk.wolter@psyk.regionsyddanmark.dk

Rauchen und Raucherentwöhnung im Alter

Dirk Wolter (Haderslev, Dänemark)

Zusammenfassung

Ältere Menschen sind in hohem Ausmaß von den gesundheitlichen Folgen des Rauchens betroffen. Gleichwohl sind die therapeutischen Angebote für ältere Raucher häufig unzureichend. Fehleinschätzungen über die Ungefährlichkeit bzw. sogar einen vermeintlichen Nutzen des Rauchens, der Verweis auf »Lebensqualität« dank Tabakkonsum oder die Unterstellung, dass ein Entzug im Alter keine Erfolgschancen hätte, spielen dabei eine entscheidende Rolle. Risiken birgt das Rauchen aber allemal auch für alte Menschen. Weder sind alte Raucher unmotiviert aufzuhören noch sind die Erfolgsaussichten gering. Es gilt, Tabakabhängigkeit bei unseren alten Patienten nicht als Selbstverständlichkeit hinzunehmen!

Stichworte: Tabakabhängigkeit, Nikotinabhängigkeit, Gesundheitsschäden, Raucherentwöhnung, alte Menschen, Depression, Gewichtszunahme

Abstract: Smoking and smoking cessation in old age

Older adults suffer a large proportion of the health consequences from smoking. Yet, older smokers often receive insufficient support in smoking cessation. This is due to several reasons: misjudgements about harmlessness or even putative benefits of smoking, the assumption of improved quality of life by smoking or the myth that smoking cessation in old age could not be achieved successfully. Nevertheless, smoking is hazardous for the elderly too. Neither are older smokers less motivated to stop smoking nor are chances of success lower. We should not take smoking as something natural in our elderly patients!

Key words: tobacco dependence, nicotine dependence, health consequences, smoking cessation, elderly, depression, weight gain

Epidemiologie des Tabakkonsums

In Deutschland geht der Tabakkonsum insgesamt zurück, bei den Männern bereits seit Mitte der 1980er Jahre, bei Frauen erst seit wenigen Jahren. Diese

Abnahme ist v.a. auf die Entwicklung bei jungen Erwachsenen zurückzuführen, die heute weniger rauchen als in der Vergangenheit und damit den durchschnittlichen Verbrauch senken. Der Anteil der Raucher sinkt mit dem Lebensalter, was zu einem großen Teil der Übersterblichkeit der Raucher geschuldet ist (Breitling et al. 2009; Pötschke et al. 2009) (Abb. 1).

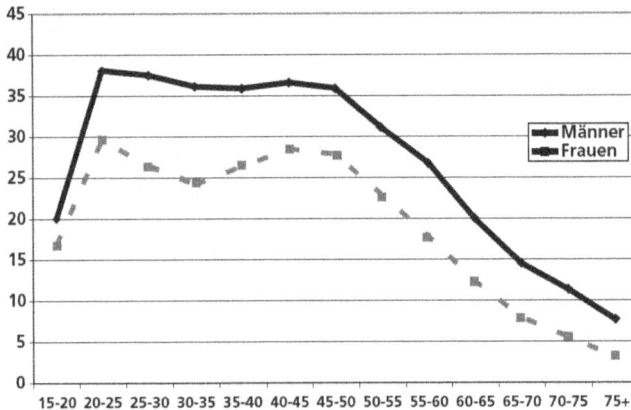

Abb. 1: Regelmäßige Raucher in % der jeweiligen Alterskohorte in Deutschland nach Mikrozensus 2005 (aus Wolter 2011, mit freundlicher Genehmigung des Kohlhammer-Verlags)

Die deutliche Mehrheit älterer Raucher hat den Wunsch, mit dem Rauchen aufzuhören (60 %) oder es zumindest zu reduzieren (30 %). Gut die Hälfte hat mehrere erfolglose Absetzversuche hinter sich, ein weiteres Viertel einen Versuch. Mehr als zwei Drittel rauchen bereits seit dem frühen Erwachsenenalter (Breitling et al. 2009).

Pharmakologie

Tabakrauch enthält neben Nikotin über 4000 weitere Inhaltsstoffe, darunter mindestens 69 Karzinogene (Adlkofer 2000, Heinz u. Batra 2003, Kroon 2006, Pötschke et al. 2009). Rauch, den man passiv mit einatmet, besteht zu 85 % aus dem besonders toxischen Nebenstromrauch (Keil 2005).

25 % des inhalierten Nikotins erreichen innerhalb von sieben bis zehn Sekunden das Gehirn. Die Tabakindustrie setzt gezielt Maßnahmen ein, um die Nikotinaufnahme zu erhöhen, z.B. durch Veränderungen des pH-Wertes oder durch Zusatz von Menthol, das eine reizmindernde Wirkung bei tiefer

Inhalation hat (Haustein 2000, Pötschke-Langer et al. 2005, 2009). Die Nikotinwirkungen setzen unmittelbar ein: periphere Vasokonstriktion, Herzfrequenz- und Blutdruckanstieg, Abnahme von Hautwiderstand und -temperatur. Bei Überdosierung kommt es zu Erbrechen, Kopfschmerz, Tachykardie, Hypotonie, Hypothermie, Antidiurese, Diarrhoe und Tremor. Psychopathologische Symptome, wie optische Halluzinationen, sind nur in Einzelfällen beschrieben. Es tritt rasch eine Toleranzsteigerung ein (Heinz u. Batra 2003).

Nikotin wirkt über das sog. dopaminerge Belohnungs- oder Verstärkungssystem. Die Akutwirkung einer niedrigen Dosis besteht in einer angenehmen Stimulation mit Verbesserungen von Aufmerksamkeit und Lernleistung sowie in der Normalisierung einer »latent inhibition« (d. h. Ausfilterung von irrelevanten Nebeninformationen). Bei höherer Dosierung setzt eine beruhigende, entspannende und sedierende Wirkung ein. Die inhalative Applikation erlaubt eine präzise Steuerung wie bei kaum einer anderen Droge (Heinz u. Batra 2003, Zimmermann et al. 2008). Über verschiedene Neurotransmitter und Hormone beeinflusst Nikotin Appetit, Wachheit, Gedächtnis und Affektivität (Adlkofer 2000).

Gesundheitsschäden durch das Rauchen

Raucher setzen sich einem erhöhten Risiko nicht nur für Herz-Kreislauf-Krankheiten, sondern auch für Atemwegserkrankungen (COPD) und verschiedene Karzinomarten (Mammakarzinom, Blasenkrebs, Leberkrebs) aus (Report of the Surgeon General 2010, Schofield 2006). Das relative Risiko (odd's ratio) steigt für Lungenkrebs auf 14,0 und für koronare Herzkrankheit (KHK) auf 1,6. Das Rauchen ist für über 10% aller kardiovaskulären Todesfälle verantwortlich (Ezzati et al. 2005), Frauen sind von den kardiovaskulären Risiken offenbar deutlich stärker betroffen (Huxley et al. 2011). Auch Glaukom, Makuladegeneration, Impotenz, Diabetes mellitus und Osteoporose mit erhöhter Frakturneigung gehören zu den möglichen Folgen. Rauchen verkürzt auch die Haltbarkeit von Zahnimplantaten (Cavalcanti et al. 2011). Karzinompatienten empfinden stärkere Schmerzen als Nicht- oder Ex-Raucher, wenn sie trotz der Diagnose noch rauchen (Ditre et al. 2011).

Unter den zehn wichtigsten Risikofaktoren in den westlichen Industriestaaten steht das Rauchen an erster Stelle vor Bluthochdruck, Alkoholkonsum, Hypercholesterinämie und Übergewicht (Keil 2005). Nach Beendigung des Rauchens besteht ein erhöhtes Risiko noch für gut eine Dekade, die

Rezidivrate nach Herzinfarkt sinkt aber schon innerhalb eines Jahres. Rauchen führt auch zu bedeutsamen Arzneimittelinteraktionen (Kroon 2006, Schofield 2006) und beschleunigt den Metabolismus zahlreicher Pharmaka.

Bei starken Rauchern kommt es ab dem mittleren Lebensalter zu einem beschleunigten Nachlassen der kognitiven Leistungsfähigkeit im Vergleich zu Nichtrauchern (Deary et al. 2003, Ott et al. 2004, Reitz et al. 2005, Richards et al. 2003) und dosisabhängig zu einem erhöhten Demenzrisiko (Reitz et al. 2007, Rusanen et al. 2011). Auch Passivrauchen scheint die kognitive Leistungsfähigkeit zu beeinträchtigen (Llewellyn et al. 2009) und zumindest bei Vorliegen einer zerebrovaskulären Erkrankung auch das Demenzrisiko zu erhöhen (Barnes et al. 2010).

Tabakabhängigkeit

Nikotinabhängigkeit zeigt typische Charakteristika von Suchterkrankungen: Toleranzsteigerung, Entzugssymptome und Kontrollverlust. Neben dem Nikotin sind auch andere sensomotorische Stimuli an der Aufrechterhaltung des Rauchens beteiligt, wie Versuche mit nikotinfreien Zigaretten zeigen (Donny et al. 2006, Rose 2006). Nikotinsucht scheint auch die Entstehung anderer Abhängigkeiten wie z. B. Alkoholismus zu begünstigen. Umgekehrt fördert Alkohol den Tabakkonsum, offenbar vor allem, indem der Nikotin-Flush oder -Kick intensiviert wird (Piasecki et al. 2008).

Im Nikotinentzug können vegetative Symptome sowie Schlafstörungen, Appetitveränderungen, Nervosität, Ängstlichkeit, Craving und Depressivität auftreten (Heinz u. Batra 2003).

Zur Diagnostik ist der Fagerström-Test (Tab. 1) international verbreitet, mit dem eine Nikotinabhängigkeit festgestellt werden kann; er hat auch eine gute prädiktive Aussagekraft bezüglich der zu erwartenden Entzugssymptomatik und der langfristigen Abstinenzquote (Batra 2005).

Raucherentwöhnung: Benefit

Das Aufhören des Rauchens führt zu einer Mortalitätsreduktion (Bjartveit u. Tverdal 2009, Critchley u. Capewell 2003, Twardella et al. 2004) in den ersten fünf Jahren um 13 %, nach 14–20 Jahren auf das Niveau von Nichtrauchern (Kawachi et al. 1993, Kenfield et al. 2008). Diese längerfristige Perspektive gilt es zu berücksichtigen, weil sonst die positiven Effekte des Rauchstopps unterschätzt werden (Hoogenveen et al. 2008).

Punkte	3	2	1	0
Wann nach dem Aufstehen rauchen Sie Ihre erste Zigarette?	innerhalb von 5 min	innerhalb von 6–30 min	innerhalb von 31–60 min	nach 60 min oder später
Finden Sie es schwierig, an Orten, wo das Rauchen verboten ist, das Rauchen sein zu lassen?			ja	nein
Auf welche Zigarette würden Sie nicht verzichten wollen?			die erste am Morgen	andere
Wie viele Zigaretten rauchen Sie im Allgemeinen pro Tag?	mehr als 30	21–30	11–20	bis 10
Rauchen Sie in den ersten Stunden nach dem Aufstehen im Allgemeinen mehr als am Rest des Tages?			ja	nein
Kommt es vor, dass sie rauchen, wenn Sie so krank sind, dass Sie tagsüber im Bett bleiben müssen?			ja	nein
Summe				

Tab. 1: Fagerström-Test nach Batra (2005)
Bewertung: 0–2 leicht 3–7 mittelgradig, 8–10 schwer nikotinabhängig

Bei Rauchern, die mit 35 Jahren aufhören zu rauchen, steigt die Lebenserwartung gegenüber denen, die weiter rauchen, um 6,9–8,5 Jahre bei Männern bzw. um 6,1–7,7 Jahre bei Frauen, bei einem Aufhören mit 65 Jahren immerhin noch um 1,4–2 (m) bzw. 2,7–3,7 Jahre (w) (Taylor et al. 2002). Sogar bei einem Bronchialkarzinom im Anfangsstadium verbessert ein Rauchstopp die Prognose (Parsons et al. 2010). Die bloße Reduktion des Nikotinkonsums mindert zwar das Bronchialkarzinom-Risiko, jedoch nicht die Gesamtmortalität (Godtfredsen et al. 2002, 2003, Tverdal u. Bjartveit 2006). Selbst der Konsum von 1–4 Zigaretten täglich geht noch mit einem signifikant erhöhten Mortalitätsrisiko einher (Bjartveit u. Tverdal 2005).

Rauchstopp im Alter

Die Motivation, mit dem Rauchen aufzuhören, ist jenseits des 50. Lebensjahres nicht geringer als vorher (Hall et al. 2008). Die vorliegenden Studien zeigen eine Erfolgsquote von 25–33% nach sechs bis zwölf Monaten, möglicherweise ist die langfristige Abstinenz-Erfolgsrate bei Älteren höher (Doolan u. Froelicher 2008, Doolan et al. 2008). In einer australischen Studie mit Probanden ab 65 Jahren lag die Erfolgsquote bei ca. 25%, die spontane Rauchstoppquote bei 4%. Nach zwei Jahren betrug die Differenz 23,6% in der Interventionsgruppe gegenüber der spontanen Rauchstoppquote von immerhin 12% (Tait et al. 2008). In einer gerontologischen Untersuchung in North Carolina betrug die Rückfallquote in der achtjährigen Verlaufsbeobachtung nur 16% (Whitson et al. 2006).

Gründe, mit dem Rauchen aufzuhören, sind für ältere Menschen vor allem gesundheitlicher Natur (Kerr et al. 2006). In einer prospektiven Studie in North-Carolina waren alte Menschen umso stärker motiviert, mit dem Rauchen aufzuhören, je ausgeprägter das subjektive Belastungsgefühl und je stärker die gesundheitliche Beeinträchtigung waren (Sachs-Ericsson et al. 2009). Die Motivation zum Aufhören nimmt durch (akute) Herz-Kreislauferkrankungen und Schlaganfälle, aber auch bei Diabetes mellitus zu (Allen et al. 2008), sie ist jedoch nur von zeitlich begrenzter Dauer.

Rauchstopp-Interventionen im Krankenhaus bei älteren Patienten (ab 65 Jahren), bei denen körperliche Krankheiten neu diagnostiziert wurden, führten zu einer deutlichen Senkung der Mortalität (Brown et al. 2004). Sie sind aber nur dann effektiv, wenn sie nachgehende Interventionen von mindestens vier Wochen nach der Entlassung beinhalten (Rigotti et al. 2008). In England werden bei der Nutzung spezieller Raucherentwöhnungsdienste größere Erfolgsaussichten für Ältere als für Jüngere beschrieben (Ferguson et al. 2005, Schofield 2006).

Was behindert Rauchstoppversuche im Alter?

Weit verbreitet ist die Idee, im Alter lohne es sich nicht mehr, mit dem Rauchen aufzuhören: »*The damage has already been done*«. Immer wieder zeigt sich jedoch auch, dass Raucher zu wenig über die Risiken wissen oder »leichte« Zigaretten für ungefährlich halten. Mitunter wird auch ein Verlust an Lebensqualität befürchtet. Raucher werden nur selten zum Aufhören aufgefordert und wissen wenig über (lokale) Angebote zur Raucherentwöhnung, sind aber oft fehlinformiert über vermeintliche Risiken der Nikotinersatztherapie.

Fachbereich Gerontopsychiatrie

Inn-Salzach-Klinikum
gemeinnützige GmbH
Wasserburg am Inn
Rosenheim
Freilassing

Rauchfrei ist besser!

Wussten Sie schon ...?

- Tabakrauch enthält außer Nikotin ca. 4800 weitere Inhaltsstoffe, darunter
  - Ammoniak, Blausäure, Schwefelwasserstoff, Benzol, Formaldehyd, Kohlenwasserstoffe sowie mindestens 69 krebserzeugende Stoffe
- Das Risiko von Nie-Rauchern, wenn sie mit einem Raucher zusammenleben, ist erhöht
  - für Lungenkrebs + 24 %,
  - für koronare Herzkrankheit + 30 %.
- Schon das Rauchen nur einer Zigarette täglich erhöht das Risiko für koronare Herzkrankheit um 39 %.
- Unter den zehn wichtigsten Risikofaktoren für die Krankheitslast in den westlichen Industriestaaten steht das Rauchen an erster Stelle vor Bluthochdruck, Alkoholkonsum, Hypercholesterinämie und Übergewicht. Rauchen erhöht auch das Risiko für Depressionen, Demenz grauen und grünen Star..

Regelmäßige Raucher sind suchtkrank. Nikotinsucht unterscheidet sich in den entscheidenden Merkmalen nicht von anderen Suchterkrankungen wie Alkohol- oder Drogenabhängigkeit.

Die Gesundheit unserer Patienten liegt uns am Herzen, und zwar rundum. Deshalb möchten wir Ihnen bzw. Ihren Angehörigen Hilfe dabei anbieten, mit dem Rauchen aufzuhören.

Es lohnt sich:
Durch Rauchstopp wird auch im Alter die Lebenserwartung verlängert. Rauchstopp verbessert auch im Alter die körperliche Leistungsfähigkeit, das allgemeine Wohlbefinden und die Lebensqualität.

Was nutzt Rauchstopp?

- Nach 20 Minuten
  - Puls und Blutdruck sinken, Körpertemperatur an Händen und Füßen steigt auf normale Werte.
- Nach 8 Stunden
  - Kohlenmonoxidkonzentration im Blut sinkt, Sauerstoffkonzentration steigt auf normale Werte.
- Nach 24 Stunden
  - Herzinfarktrisiko sinkt ab jetzt.
- Nach 48 Stunden
  - Regeneration der Nervenenden beginnt. Geruchs- und Geschmackssinn verbessern sich.
- Nach 2 Wochen – 3 Monate
  - Kreislaufstabilisierung, Verbesserung der Lungenfunktion.

- Nach 1 – 9 Monaten
  - Weniger Hustenanfälle, Nasennebenhöhlenprobleme und Kurzatmigkeit. Lunge wird gereinigt. Infektionsgefahr sinkt, mehr körperliche Kraftreserven.
- Nach 1 Jahr
  - Risiko Koronarinsuffizienz 50 %
- Nach 5 Jahren
  - Lungen-, Mundhöhlen-, Luft-/Speiseröhrenkrebsrisiko nur noch 50 %.
- Nach 10 Jahren
  - Lungenkrebsrisiko nur noch wie bei Nichtrauchern. Risiko für andere Krebsarten sinkt.
- Nach 15 Jahren
  - Risiko Koronarinsuffizienz wie bei lebenslangem Nichtraucher.

(nach: American Cancer Society)

Wollen Sie mit dem Rauchen aufhören?
Bei uns bekommen Sie Hilfe - fragen Sie nach!

Informationen bekommen Sie auch im Internet: Bundeszentrale für gesundheitliche Aufklärung (www.bzga.de) und Deutsche Hauptstelle für Suchtgefahren (www.dhs.de) – oder bei Ihrer Krankenkasse.

Verantwortlich: Chefarzt Dr. Wolter/März 2010   **Alles Gute! – Ihr Behandlungsteam**

Angehörige der Gesundheitsberufe wissen zu wenig über Zusammenhänge und Behandlungsmöglichkeiten, vertrauen zu wenig ihrer eigenen Beratungskompetenz und schätzen die Erfolgschancen für einen Rauchstopp im Alter pessimistisch ein. Auch die eigene Einstellung zum Rauchen spielt eine Rolle, besonders schwierig wird es, wenn Ärzte oder Krankenpflegekräfte selbst rauchen (Allen 2008, Cataldo 2007, Donzé et al. 2007, Kerr et al. 2006, 2007, Ratschen et al. 2009b, Schofield 2006, Schofield et al. 2007). In einer Studie waren nur 11% der erfolgreichen Ex-Raucherinnen von ihrem Arzt zum Aufhören aufgefordert worden (Donzé et al., 2007).

In der Altenhilfe befürchtet man, dass die Pflegebeziehung durch Diskussionen über das Rauchen belastet wird. Nur wenn man Brandgefahr befürchtet (Demenzkranke, Personen mit Sauerstofftherapie, Rauchen im Bett), werden Interventionen erwogen (Doolan u. Froelicher 2008).

Tabakabhängigkeit und Depression

Nikotin greift in den Serotoninhaushalt ein. Der Wegfall der Nikotinwirkung könnte das Auftreten depressiver Symptome unter Abstinenzbedingungen – auch bei Rauchern ohne depressive Episoden in der Vorgeschichte – erklären (Heinz u. Batra 2003). Aufhören zu rauchen erhöht wahrscheinlich zunächst das Depressionsrisiko, und zwar auch bei Personen ohne Depressionsanamnese, das Risiko ist bei einer Depressionsanamnese jedoch größer (Glassman et al. 2001, Lembke et al. 2007, Tsoh et al. 2000). Depressive Raucher haben aber die gleiche Chance, erfolgreich mit dem Rauchen aufzuhören, wie nicht depressive Raucher. Eine Depression bessert sich langfristig, wenn die Abstinenz durchgehalten wird. Wenn im Entzug erst verzögert eine Depression auftritt, ist die Rückfallgefahr erhöht (Hall 2007, Lembke et al. 2007), ihr Auftreten ist aber nicht abhängig vom Erfolg des Rauchstopps (Tsoh et al. 2000).

Raucher mit Lungenerkrankungen (COPD) weisen eine besonders starke Abhängigkeit auf, denn sie hören ja trotz der gesundheitlichen Probleme nicht auf zu rauchen. COPD erhöht das Depressionsrisiko und die Depressivität fördert den Tabakkonsum als eine Art Selbstmedikation (Andreas et al. 2009). Rauchen, Alkoholkonsum und Depression wirken wechselseitig negativ (Ait-Daoud et al. 2006, Cargill et al. 2001, Kenney et al. 2009). Bei älteren Hausarztpatienten (ab 60 Jahren), die früher stark geraucht haben bzw. im Alter noch aktiv rauchen, zeigten sich in einer australischen Studie häufigere und schwere depressive Episoden (Almeida u. Pfaff 2005).

Gewichtszunahme als Nebenwirkung des Rauchstopps?

Gewichtszunahme ist eine viel diskutierte Begleiterscheinung der Raucherentwöhnung. Sie wird zurückgeführt auf einen erniedrigten energetischen Grundumsatz, eine gesteigerte Aktivität der Lipoprotein-Lipasen, eine verringerte körperliche Aktivität und eine erhöhte Nahrungszufuhr. Genetische Faktoren spielen ebenfalls eine Rolle (Filozof et al. 2004, Lerman et al. 2004, Perkins 1993). Gesteigerter Appetit und Gewichtszunahme bereits während des Nikotinentzuges sind Prädiktoren für eine langfristige Zunahme des Body-Mass-Index' (John et al. 2006).

Die Gewichtszunahme erfolgt zu 60% innerhalb des ersten Jahres, sie ist nach fünf Jahren noch signifikant (Froom et al. 1998, O'Hara et al. 1998), geht aber nach einigen Jahren möglicherweise wieder zurück (Chen et al. 1993, Mizoue et al. 1998). Niedriger sozioökonomischer Status ist mit einer stärkeren Gewichtszunahme assoziiert, höheres Alter hingegen mit einer geringeren (Filozof et al. 2004, Froom et al. 1998).

Die Gewichtszunahme beträgt meist weniger als 4,5 kg, bei ca. einem Achtel der Fälle liegt die Gewichtssteigerung bei mehr als 11 kg bzw. 20% des Ausgangsgewichts (Filozof et al. 2004, Flegal et al. 1995, O'Hara et al. 1998). Werden die Zahlen jedoch zur allgemeinen Körpergewichtsentwicklung in der Bevölkerung in Beziehung gesetzt, zeigt sich einerseits, dass Ex-Raucher durch die Gewichtszunahme lediglich das »normale« Durchschnittsgewicht erreichen (Munafò et al. 2009, Perkins 1993), andererseits ergibt sich eine ausgeprägtere Gewichtszunahme bei Männern (Chinn et al. 2005, Flegal et al. 1995), während für Frauen das Übergewichtsrisiko sich möglicherweise gar nicht erhöht (John et al. 2005). Männer sind trotz vorbestehenden Übergewichts eher als Frauen bereit, mit dem Rauchen aufzuhören (Twardella et al. 2006).

Starke Raucher weisen aber auf lange Sicht ein überdurchschnittliches Körpergewicht auf (Chiolero et al. 2008, Rásky et al. 1996). Rauchen verringert die Insulinsensitivität und fördert Insulinresistenz, es steigert die zentrale Fettakkumulation und erhöht das Risiko für Diabetes mellitus Typ II (Chiolero et al. 2008, Filozof et al. 2004, Tonstad 2009).

Selbst wenn Rauchstopp mit einer Gewichtszunahme einhergeht, bleiben das Fettverteilungsmuster (mehr subkutanes Fett) (Filozof et al. 2004) und das Lipoproteinmuster günstig (Botella-Carretero et al. 2004). Außerdem überwiegen trotz Gewichtszunahme die positiven Effekte auf kardiovaskuläre Risikofaktoren (Burnette et al. 1998) und auf die Lungenfunktion (Chinn et al. 2005).

Weil die Angst vor einer Gewichtszunahme Rauchstoppversuche verhindern oder zu Rückfällen führen kann, gibt es vielfältige Überlegungen, Raucherentwöhnung durch Maßnahmen gegen eine Gewichtszunahme zu flankieren. Die Wirkung einer Kalorienrestriktion (Filozof et al. 2004, Hall et al. 1992, Parsons et al. 2009) ist aber nicht eindeutig, ein körperliches Training hat eher langfristige Effekte (Chaney u. Sheriff 2008, Parsons et al. 2009, Pirie et al. 1992).

Bei einer medikamentengestützten Raucherentwöhnung fällt die Gewichtszunahme geringer aus, wobei sich für die Nikotinersatztherapie eine Dosis- bzw. Rezeptorbesetzungs-Wirkungs-Beziehung findet. Zumindest bei Bupropion hält der Effekt nur während der Dauer der Einnahme an (Filozof et al. 2004, Nordstrom et al. 1999, Parsons et al. 2009). Erstaunlicherweise fällt die Gewichtszunahme unter Nikotinersatztherapie trotz höherer Kalorienzufuhr geringer aus (Allen et al. 2005).

Die Sorge, an Gewicht zuzunehmen, und das Essverhalten sind keine Prädiktoren für Erfolg oder Nichterfolg einer Raucherentwöhnung (Pisinger u. Jorgensen 2007).

Raucherentwöhnung: Ausgangsbedingungen

Raucherentwöhnungsinterventionen sollten kontinuierlich und nicht nur punktuell, quasi en passant oder nur bei speziell dafür anberaumten Terminen erfolgen, sie sind nicht nur von Ärzten sondern auch von anderen Gesundheitsberufen notwendig: *Steter Tropfen höhlt den Stein.* Andererseits müssen sie gezielt mit eindringlichem Aufforderungscharakter durchgeführt werden – und das so wohldosiert, dass Motivation geschaffen und nicht zerstört wird. Hierfür sind Qualifizierungsmaßnahmen unabdingbar, die sich auch als effektiv erwiesen haben (Kerr et al. 2007, Twardella u. Brenner 2005, 2007).

Die Erfolgsquote ärztlicher Minimalinterventionen liegt in derselben Größenordnung wie die spontane Rauchstoppquote. Sie lässt sich aber allein durch die Etablierung eines festen Systems zur Erfassung des Raucherstatus verdoppeln, denn dadurch wird die Zahl der Interventionen durch das medizinische Personal fast verdoppelt (Lindinger 2005). Am größten sind die Effekte während eines Krankenhausaufenthaltes aufgrund tabakassoziierter Erkrankungen (Rice u. Stead 2008, Stead et al. 2008). Einflüsse von wichtigen Bezugspersonen (peer-group) sind nicht nur zu Beginn einer Raucherkarriere bedeutsam, sondern auch beim Entschluss aufzuhören. Bei älteren Rauchern spielen die Ehepartner eine wichtige Rolle (Medbø et al. 2011). Viele Raucher zeigen eine ambivalente Haltung gegenüber dem Aufhören (Kröger 2005).

Für manche Raucher spielt die Angst vor negativen Folgen eines Rauchstopps eine zentrale Rolle, v. a. die Gewichtszunahme. Andere fürchten Entzugssymptome und haben bereits negative Erfahrungen damit gemacht.

Manche Raucher stehen nicht selten dem Rauchen ablehnend gegenüber und empfinden keinen Genuss dabei, halten aber trotzdem ihre Nikotinkonzentrationen im Blut konstant. Auf der anderen Seite gibt es Raucher, die, vergleichbar mit dem Konsum von Kaffee, wegen der positiven Wirkungen des Nikotins rauchen. Sie rauchen, um kurzzeitig ihre Nikotinkonzentration auf Höchstwerte zu bringen und dadurch die positiven Effekte zu genießen; sie sind auch bereit, Entzugssymptome in Kauf zu nehmen und können viele Stunden am Tag ohne Zigarette auskommen (Fagerström 2005).

Raucherentwöhnung: Programme

Raucherentwöhnung ist ein längerer Prozess mit unterschiedlichen Phasen: Absichtslosigkeit (precontemplation) – Absichtsbildung (contemplation) – Vorbereitung (preparation) – Handlung (action) – Stabilisierung (maintenance). Obwohl viele Leitlinien ein abruptes Absetzen empfehlen und Interventionen zur Konsumreduktion offenbar weniger wirksam sind als solche zum Rauchstopp (Stead u. Lancaster 2007), könnte für stark abhängige Raucher im Einzelfall ein fraktioniertes Vorgehen sinnvoll sein (Schofield 2006). Wichtig ist in jedem Fall der Erhalt bzw. die Förderung der Selbstachtung. Es empfiehlt sich ein klarer, verlässlicher und auf den Patienten zugeschnittener Plan mit Zeitrahmen (Stopp-Datum), Einbeziehung der Angehörigen und nachgehender Begleitung. Alkoholkonsum als komplizierender Faktor ist abzuklären (Schofield 2006).

Die amerikanischen Empfehlungen (Fiore et al. 2008) stellen ein plakativ strukturiertes Vorgehen in den Mittelpunkt, das weltweit in Leitlinien übernommen wurde. Hilfreiche psychoedukative Elemente sind dabei z. B. detaillierte Listen über die schädlichen Effekte des Rauchens einerseits und den Nutzen des Rauchstopps andererseits (Abb. 2) (Andreas et al. 2008, Andrews et al. 2004, Lindinger2005, Schofield 2006).

Es ist aber auch sehr wichtig, im Sinne der motivierenden Gesprächsführung (Miller u. Rollnick 2004), Verständnis für die Funktionalität des Rauchens zu entwickeln. Beispielhaft ist das sechswöchige strukturierte Gruppenprogramm zur Raucherentwöhnung auf verhaltenstherapeutischer Grundlage aus Tübingen (Schröter u. Batra 2005). Es beinhaltet die Schritte Abstinenzvorbereitung – Konsumbeendigung – Stabilisierung und setzt sich aus verschienen Therapiemodulen zusammen. Zentrale Inhalte sind, wie bei allen vergleichbaren Programmen, Selbstbeobachtung, Situationsanalyse, Reizkontrolle, Selbstverstärkung und Rückfallgefahr. Selbstverpflichtende Verträge mit Vereinbarung eines Datums für den Rauchstopp, Informationsvermittlung, Abstinenz-Motivationswaage, Hausaufgaben u. a. Methoden werden eingesetzt. Die CO2-Messung in der Ausatmungsluft dient zur Demonstration der physiologischen Effekte des Rauchens. Das Programm steht in Buchform auch in einer Patientenversion zur Verfügung. Atemübungen, Entspannungs-verfahren und andere Möglichkeiten zum Stressabbau sind flankierend sinnvoll (Andrews et al. 2004). Variationen des verhaltenstherapeutischen Vorgehens sind angezeigt bei Rauchern mit depressiver Komorbidität (MacPherson et al. 2010) oder bei extrem starken Rauchern (Lam et al. 2010).

Eine schematische und seelenlose Anwendung solcher Manuale ist häufig nicht von Erfolg gekrönt, vielmehr erweisen sich Vorgehensweisen als wirk-sam, in denen mit den Patienten ihre Reaktionen, Ängste und Hindernisse besprochen werden (Prochaska et al. 2007). Die Erfolgsquoten für eine langfristige Abstinenz sind bei einer kombinierten Anwendung von psycho-logischen (verhaltenstherapeutischen) Raucherentwöhnungsprogrammen und Medikamenten am höchsten (Schröter u. Batra 2005) (Tab. 2).

Methode	Abstinenzquote
spontaner Entschluss	3 %
einfache, ärztliche Beratung	5–10 %
Nikotinersatztherapie, Bupropion	15–20 %
Verhaltenstherapie (VT)	15–20 %
Multimodale Therapie (VT & medikamentöse Unterstützung)	20–30 %

Tab. 2: Effektivität (Abstinenzquote nach 1 Jahr) unterschiedlicher Strategien zur Raucherentwöhnung (nach Schröter u. Batra 2005)

Studien zeigen, dass die spontane Aufhörquote und die langfristige Absti-nenzrate sich durch die kostenlose Abgabe von Nikotinersatzpräparaten bzw. Bupropion signifikant erhöhen lassen, ein finanzieller Anreiz für die Hausärzte ist hingegen nicht effektiv (Breitling et al. 2009, Twardella u, Brenner 2007). Eine Kostenerstattung wird deshalb für unerlässlich gehalten (Doolan u. Froe-licher 2008), sie erweist sich auch unter Kosten-Nutzen-Gesichtspunkten als effektiv (Salize et al. 2009). In Deutschland werden die Kosten bisher aber nicht von den Krankenkassen übernommen.

Zusätzliche finanzielle Anreize oder Nichtraucher-Wettbewerbe haben nur einen kurzfristigen Effekt, schon nach sechs Monaten ist die Quote erfolgreicher Aufhörversuche nicht höher als ohne solche Anreize (Cahill u. Perera 2008, Volpp et al. 2006).

Raucherentwöhnung: Medikamentöse Unterstützung

Nikotinersatztherapie, einige Antidepressiva und Vareniclin haben sich in der Raucherentwöhnung als wirksam erwiesen, wahrscheinlich ist Vareniclin am effektivsten (Vasic et al. 2011). Die Wirksamkeit der Nikotinersatztherapie ist unabhängig von der Darreichungsform (Kaugummi, Tabletten, Nasenspray, Inhalator, Pflaster) (Stead et al. 2008, Wu et al. 2006). Starke Raucher benötigen u. U. höhere Dosen. Die Erfolgsaussichten sind offenbar größer, wenn kurz vor einem geplanten Rauchstoppversuch mit der Nikotinersatztherapie begonnen wird, die zusätzliche Gabe kurzwirksamer Nikotinersatzpräparate zu einem Nikotinpflaster kann sinnvoll sein. Eine Anwendung länger als acht Wochen macht offenbar keinen Sinn (Stead et al. 2008). Nikotin-Inhalatoren werden gelegentlich auch missbräuchlich verwendet (Hughes et al. 2005). Neuerdings wird die Effektivität von Nikotinersatzpräparaten wieder in Zweifel gezogen (Alpert et al. 2012).

Das klassische Trizyklikum Nortriptylin ist gleich wirksam wie das neu entwickelte und deshalb stark beworbene Bupropion. Die Wirksamkeit ist unabhängig vom antidepressiven Effekt und nicht auf Personen mit Depressionsanamnese beschränkt. Serotoninwiederaufnahmehemmer (SSRI's) sind hingegen offenbar nicht wirksam. Es gibt noch keine hinreichenden Grundlagen für eine differenzielle Therapieindikation Nikotinersatz versus medikamentöse Behandlung ohne Nikotin (Fagerström 2005).

In Deutschland sind nur das retardierte Buproprion-Präparat Zyban® und Vareniclin (Champix®) für die Raucherentwöhnung zugelassen (Rezeptpflicht). Nikotinersatzpräparate sind dagegen frei verkäuflich. Die in den Fachinformationen der Nikotinersatzpräparate aufgeführten Warnhinweise überbetonen die Risiken. Die vasokonstriktorische Wirkung ist eher den inhalierten Tabakprodukten und dem Kohlenmonoxid zuzuschreiben als dem Nikotin. Die Verträglichkeit ist bei bestimmungsgemäßer Anwendung bei allen Nikotinersatzpräparaten gut (Zimmermann et al. 2008).

Während die Nikotinersatztherapie auch im Alter – die Pharmakokinetik ist nicht entscheidend verändert – und bei Patienten mit kardiovaskulären Erkrankungen als sichere und effektive Therapie anerkannt ist (Abdullah u. Simon 2006, Doolan u. Froelicher 2008), gibt es für die anderen Substanzen keine Daten zur Anwendung speziell im Alter. Im Sommer 2011 gab eine Metaanalyse Anlass zu der Vermutung, dass Vareniclin mit einem erhöhten Risiko für kardiale Komplikationen behaftet sein könnte (Singh et al. 2011). Die Zulassungsbehörden in den USA (FDA) und der EU (EMA) kamen jedoch zu dem Ergebnis, dass einerseits die absolute Risikoerhöhung außerordentlich gering ist und andererseits der Nutzen des Rauchstopps diese potenzielle Gefährdung übersteigt. Zuvor hatte eine Studie an Rauchern mit kardiovaskulären Erkrankungen die Wirksamkeit von Vareniclin bei guter Verträglichkeit gezeigt, ohne dass es zu einer Zunahme kardiovaskulärer Ereignisse gekommen wäre (Rigotti et al. 2010).

Schlussbemerkung

Die Diskussionen darüber, ob es sich beim Rauchen um den Ausdruck der freien Entfaltung der Persönlichkeit oder um eine Suchterkrankung handelt, wird weitergehen. Rauchen wird gern als Aspekt von Lebensqualität postuliert. Tatsächlich geht das Rauchen aber für die Mehrzahl der Betroffenen nicht mit einem Zugewinn, sondern mit einem Verlust an Lebensqualität und einer Reduktion von objektiver wie subjektiver Gesundheit einher. Das Rauchen findet bei alten Menschen häufig verborgen in den »eigenen vier Wänden« statt und starke Raucher können nicht selten aufgrund von chronisch obstruktiven Atemwegserkrankungen und Herzinsuffizienz – beide durch das Rauchen (mit-)verursacht – diese gar nicht mehr verlassen.

Dieses Elend genießt auch in der Psychiatrie (und der Suchtmedizin) keine hohe Priorität, andere psychische Störungen oder Suchtprobleme haben Vorrang und der Nutzen einer erfolgreichen Intervention wird nur als gering eingeschätzt. Vielleicht ist gerade das eine Fehleinschätzung. Es gilt, Tabakabhängigkeit bei unseren alten Patienten nicht als Selbstverständlichkeit hinzunehmen!

Wichtige Literatur

(Das vollständige Literaturverzeichnis findet sich auf der Homepage von PiA.)

Abdullah AS, Simon JL (2006) Health promotion in older adults: evidence-based smoking cessation programs for use in primary care settings. Geriatrics 61(3): 30–34.

Batra A (2005) Die deutschen Leitlinien zur Behandlung des Rauchers. In: Batra A (Hg) Tabakabhängigkeit. Wissenschaftliche Grundlagen und Behandlung. Stuttgart (Kohlhammer) 97–108.

Breitling LP, Rothenbacher D, Stegmaier C, Raum E, Brenner H (2009) Aufhörversuche und -wille bei älteren Rauchern. Epidemiologische Beiträge zur Diskussion um »Lifestyle« versus »Sucht«. Dtsch Arztebl Int 106(27): 451–455.

Doll R, Peto R, Boreham J, Sutherland I (2004) Mortality in relation to smoking: 50 years' observations on male British doctors. BMJ 328(7455): 1519.

Filozof C, Fernández Pinilla MC, Fernández-Cruz A (2004) Smoking cessation and weight gain. Obes Rev 5(2): 95–103.

Fiore MC, Jaén CR, Baker TB et al. (2008) Treating tobacco use and dependence: 2008 update. U.S. Department of Health and Human Services. National Guideline Clearinghouse. http://www.ahrq.gov/clinic/tobacco/tobaqrg.pdf

Lembke A, Johnson K, Debattista C (2007) Depression and smoking cessation: Does the evidence support psychiatric practice? Neuropsychiatr Dis Treat 3(4): 487–493.

Pötschke-Langer M, Mons U, Schaller K et al. (2009) Tabakatlas Deutschland 2009. Heidelberg (Deutsches Krebsforschungszentrum, Steinkopff-Verlag). http://www.tabakkontrolle.de/pdf/Tabakatlas2009.pdf

Report of the Surgeon General (2010) How Tobacco Smoke Causes Disease: The Biology and Behavioral Basis for Smoking-Attributable Disease. Rockville, MD: Dept. of Health and Human Services.

Rusanen M, Kivipelto M, Quesenberry CP Jr, Zhou J, Whitmer RA (2011): Heavy smoking in midlife and long-term risk of Alzheimer disease and vascular dementia. Arch Intern Med. 171(4): 333–339.

Schofield I (2006) Supporting older people to quit smoking. Nurs Older People 18(6): 29–33.

Wolter DK (2011) Sucht im Alter, Altern und Sucht. Stuttgart (Kohlhammer).

Wu P, Wilson K, Dimoulas P, Mills EJ (2006) Effectiveness of smoking cessation therapies: a systematic review and meta-analysis. BMC Public Health 11(6): 300.

Korrespondenzadresse:
Dr. Dirk K. Wolter
Psykiatrien i Region Syddanmark
Gerontopsykiatrisk Afdeling Haderslev
Skallebækvej 5
DK-6100 Haderslev
E-Mail: dirk.wolter@psyk.regionsyddanmark.dk

Die Problematik des Benzodiazepin-Langzeitgebrauchs bei älteren Menschen

Rüdiger Holzbach (Warstein)

Zusammenfassung

Benzodiazepine und Non-Benzodiazepine sind auch im gerontopsychiatrischen Bereich unverzichtbare Medikamente. Ihr Einsatz muss aber zeitlich begrenzt sein, da bereits, lange bevor eine Abhängigkeit auftritt, Nebenwirkungen der Langzeitbehandlung die Lebensqualität und das psychopathologische Bild beeinträchtigen. Hier gibt es noch erhebliche Wissens-Defizite bei Betroffenen, aber auch bei den im Gesundheitswesen Beschäftigten. Bei der Beratung von Betroffenen sollten suchtmedizinische Begrifflichkeiten wie Sucht oder Abhängigkeit vermieden werden, da dies nicht dem Verständnis der Betroffenen entspricht. Werden Symptome, unter denen Betroffene aktuell leiden, als Nebenwirkung der Medikamenten-Einnahme verstanden, gelingt die Motivation für einen Ausschleichversuch ganz leicht. Beim Ausschleichen sind einige pharmakologische Regeln und Besonderheiten in der Führung der Patienten zu beachten. Dabei spielt besonders bei älteren Menschen eine gute schlafhygienische Beratung eine zentrale Rolle. Ein Entzug ist sowohl ambulant als auch stationär möglich. Die Prognose dieser Subgruppe Abhängigkeitskranker ist günstig.

Stichworte: Benzodiazepine, Non-Benzodiazepine, Langzeitanwendung, Nebenwirkung, Abhängigkeit.

Abstract: Problems of long-term use of Benzodiazepine among elderly people

Benzodiazepine and non-benzodiazepine are indispensible medicaments for geronto-psychiatrics as well. Their intake needs to be temporally limited since side effects of a long-term therapy affect the quality of life and the psychopathologic pattern long before an addiction occurs. There is still a significant lack of knowledge among the people concerned as well as among the employees of the health care sector. When consulting the concerned people addiction-specific medical terms like addiction or dependency should be avoided since the patient is not able to comprehend the meaning of these terms. Considering symptoms which the patient currently suffer from as side effects of taking the medicine can support motivation for an attempt to taper off. During tapering, pharmacological rules and characteristics of guiding the patient should be taken into account. Good advice concerning sleep habits is crucial especially among older people. Inpatient and outpatient detoxication are possible. The prognosis for this subgroup of addicts is favorable.

Key words: Benzodiazepine, Non-Benzodiazepine, long term application, side effect, addiction

Einleitung

Benzodiazepine sind schnell wirksame und initial sehr gut verträgliche Medikamente. Sie haben ein weites Indikationsspektrum (vgl. Tab. 1). Die Indikationen für Benzodiazepine sind:

➤ allgemeine Unruhe,

➤ Angst,

➤ Depression,

➤ epileptische Anfälle,

➤ Erregungszustände,

➤ Erschöpfungszustand,

➤ Muskelkrämpfe,

➤ Panik,

➤ Schlafstörung,

➤ Überforderung und

➤ vegetative Störungen.

Aufgrund ihrer großen therapeutischen Breite werden sie dementsprechend häufig eingesetzt. Dadurch, dass mit Benzodiazepinen und Non-Benzodiazepinen Menschen in akuten Krisen schnell geholfen werden kann, haben sie einen wichtigen Beitrag zur Humanisierung und auch Ambulantisierung der Psychiatrie geleistet. So können Menschen, die ängstlich, suizidal oder fremd-aggressiv sind, behandelt werden, ohne dass Gewalt in Form von Isolierung oder Fixierung angewendet werden muss. Die Zeit, bis andere Maßnahmen greifen, kann so einfach überbrückt werden und häufig können stationäre Maßnahmen vermieden oder abgekürzt werden.

Vielfach wird mit Benzodiazepinen aber, gerade weil sie initial so unproblematisch einsetzbar sind, unkritisch umgegangen. Dies bezieht sich nicht nur auf die Dauer der Anwendung, sondern auch auf die jeweils zugelassenen

Indikationen. Aufgrund der schon lange zurückliegenden Markteinführung und der geringen Preise von Benzodiazepinen wird dabei selten von einem »Off-lable-Problem« gesprochen.

Im klinischen Alltag unterscheiden sich bei äquivalenter Dosierung (Tab. 4) die einzelnen Benzodiazepine im Hinblick auf die Anflut-Geschwindigkeit und die Halbwertszeit. Daraus lassen sich die unterschiedlichen Indikationen der verschiedenen Benzodiazepine teils erklären (Tab. 1).

Wirkstoff	Angst	Anspannung/ Erregung	Schlafstörung	Peri-OP	Innere Unruhe	Panik	Muskel	Epilepsie
Alprazolam	x	x				x		
Bromazepam	x	x	(x)					
Brotizolam			x					
Chlordiazepoxid	x	x	(x)					
Clobazam	x	x						x
Clonazepam								x

Tab. 1: Beispiele für Benzodiazepine und ihre Indikationen
X: zugelassen; (X): Zulassung mit Einschränkung

Die nur eingeschränkte Zulassung einiger Benzodiazepine zur Behandlung von Schlafstörungen ist darin begründet, dass diese Benzodiazepine eine sehr lange Halbwertszeit haben. Ihre Zulassung zur Behandlung von Schlafstörungen ist daran geknüpft, »dass auch eine Tagessedierung erwünscht ist«. Zumeist sind diese langen Halbwertszeiten darauf zurückzuführen (Tab. 2), dass beim Abbau von Benzodiazepinen aktive Metabolite entstehen, die wiederum die chemische und pharmakologische Eigenschaft eines Benzodiazepins haben. So hat zum Beispiel Diazepam selbst eine Halbwertszeit von etwa 30 Stunden, es wird dann aber zu Nordazepam abgebaut, das eine Halbwertszeit von bis zu 200 Stunden hat und bei dessen Abbau das Benzodiazepin Oxazepam mit einer Halbwertszeit von rund 15 Stunden entsteht. Vereinfacht kann deshalb gesagt werden, dass Diazepam eine Halbwertszeit von rund 150 Stunden hat. Die Folge ist, dass solche Benzodiazepine erheblich kumulieren und die Patienten unter der vielfachen Dosis stehen, als eigentlich verabreicht wurde. Zur Orientierung kann annäherungsweise davon ausgegangen werden, dass bei einer täglichen Gabe 20 mg Diazepam sich nach etwa zwei Wochen eine Wirkung ergibt, die der Dosis von 150 mg entspricht (kumulative Dosis). Je höher die Konzentration des Benzodiazepins im Körper ist, um so mehr wird es ausgeschieden, es häuft sich also nicht weiter an, vielmehr wird nach wenigen Tagen eine Plateauphase erreicht.

Da ältere Menschen allgemein eine verminderte metabolische Aktivität aufweisen, sind bei diesen die Effekte noch ausgeprägter. Deshalb sollten grundsätzlich keine Benzodiazepine mit langer Halbwertszeit bzw. mit aktiven Metaboliten älteren Menschen verschrieben werden.

Substanz	Beispiele für Handels- namen	HWZ (in h)	Metabolit(en)	HWZ (in h)
Bromazepam	Lexatonil®	10–20	Hydroxybromazepam	kurz
Chlor- diazepoxid	Librium®	5–30	Demoxepam Nordazepam Oxazepam	ca. 45 36–200 10–20
Clonazepam	Rivotril®	30–40	Aminoclonazepam Acetaminoclonazepam	wirksam?
Diazepam	Valium®	20–40	Nordazepam Oxazepam	36–200 10–20
Dikalium- clorazepat	Tranxilium®	(1–2)	Nordazepam Oxazepam	36–200 10–20
Flunitrazepam	Rohypnol®	16–35	Aminoflunitrazepam Desmethylflunitraze- pam	wirksam?
Lorazepam	Tavor®	8–24	–	–
Lormetazepam	Noctamid®	8–15	(nur teilweise Abbau zu) Lorazepam	8–24
Nordazepam	Tranxilium N®	36–200	Oxazepam	10–20
Oxazepam	Adumbran®	10–20	–	–

Tab. 2: Beispiele für die Halbwertszeit von Benzodiazepinen

Das Problem der Toleranzentwicklung

Bei der Langzeitanwendung eines Medikamentes ist immer zwischen den Vorteilen der Behandlung (Wirksamkeit) und den Nachteilen (Nebenwirkungen) abzuwägen. Unbestritten sind Benzodiazepine in der Akutbehandlung gut wirksame und letztlich unverzichtbare Medikamente. Bei der Langzeitanwendung von Benzodiazepinen stellen sich für die meisten Wirkungen Toleranzeffekte[1] ein. Weitgehend unbestritten ist dies in der Literatur für die sedierenden, hypnotischen und psychomotorischen Effekte. Umstritten ist dies bei der anxiolytischen Wirkung, wobei hier zwischen regelmäßiger und intermittierender Gabe unterschieden werden muss. Die Toleranzentwicklung ist neben der Gefahr der Abhängigkeit der Hauptgrund, weswegen in den einschlägigen Leitlinien eine zwei- bis maximal achtwöchige Einnahme von Benzodiazepinen empfohlen wird.

Im Rahmen einer Expertenbefragung von leitenden Ärzten im Bereich Allgemeinpsychiatrie und Suchtmedizin sowie von niedergelassenen Nerven-ärzten (N=108) ergab sich, dass 84% der Kollegen der Aussage zustimmen, dass Benzodiazepine im Regelfall maximal acht Wochen gegeben werden sollten. Allerdings ergab sich bei Nachfragen bezüglich des Verordnungsver-haltens, dass sowohl Befürworter als auch die Gegner der Leitlinie in ihrem Verschreibungsverhalten von Benzodiazepinen sich im Alltag nicht wesentlich unterscheiden (Holzbach et al. 2008).

Dies deckt sich gut mit den Ergebnissen einer Studie im Auftrag des Bun-desinstituts für Arzneimittel und Medizinprodukte zum Missbrauch von Medikamenten. Dabei zeigt sich, dass rund ein Drittel aller Patienten mit einer Benzodiazepin-Verschreibung diese über acht Wochen hinaus erhalten (Holzbach et al. 2010).

Die Nebenwirkungen von Benzodiazepinen bei längerer Anwendung

Zumeist wird in diesem Zusammenhang an die Problematik der Abhängigkeit gedacht, üblicherweise werden eine Niedrig- und eine Hochdosisabhängig-keit unterschieden. Die sogenannte Niedrigdosisabhängigkeit (weniger als 20 mg Diazepam-Äquivalenzdosis pro Tag) erfüllt nicht die Kriterien einer Abhängigkeit gemäß ICD 10 bzw. DSM IV. Eine Niedrigdosisabhängigkeit entspricht auch nicht der Einschätzung von Betroffenen und den verordnenden Ärzten, die bei fehlender oder nur geringer Dosissteigerung keine typischen Suchtzeichen wie Toleranzentwicklung oder Kontrollverlust wahrnehmen. Eine ärztlich initiierte Abhängigkeit passt gerade bei älteren Menschen nicht in deren Vorstellungswelt. Hilfreicher ist in diesem Zusammenhang ein Drei-Phasen-Modell, das die typischen Nebenwirkungen im Verlauf einer Langzeiteinnahme von Benzodiazepinen beschreibt:

---

1 Gewöhnung mit geringerer klinischer Wirkung

Phase 1: »Wirkumkehr« oder »relative Entzugserscheinungen«

Bekanntermaßen steigert eine Vielzahl der Langzeitkonsumenten von Benzodiazepinen ihre Dosis oft über Jahre nicht oder nicht wesentlich. Aufgrund der regelmäßigen ärztlichen Verschreibung handelt es sich quasi um eine »Originalstoff-Substitution«. Da Benzodiazepine aber durch den suchtmitteltypischen Gewöhnungseffekt eine Gegenregulation hervorrufen, führt dies im Verlauf zur relativen Unterdosierung. Ähnlich wie ein Alkoholkranker, der im Verlauf seiner Suchterkrankung einen Spiegel von zwei Promille braucht und bei einem Promille bereits entzügig ist, sind Benzodiazepin-Langzeitkonsumenten aufgrund der im Verlauf eigentlich schon notwendigen höheren Dosierung unterdosiert und zeigen dementsprechend typische Entzugserscheinungen. Diese bestehen häufig aus einer Reihe an Symptomen, die von der psychischen Grunderkrankung nicht zu unterscheiden sind. Da bei einem Auslassversuch die Symptome noch stärker werden – im Sinne eines voll einsetzenden Entzugssyndroms –, wird dies leicht als noch vorhandene Wirkung der Benzodiazepine missverstanden, da nach dem Weglassen der Medikation wieder verstärkt Symptome wie Stimmungslabilität, gestörtes Körpergefühl und akzessorische Symptome wie Schlafstörungen, Ängste und gereizte Stimmungszustände auftreten.

Eine 73-jährige Patientin, die vor 15 Jahren erstmals wegen diffusen Ängsten und Schlafstörungen nach dem Tod des Ehemannes Bromazepam morgens 1,5mg und abends 4,5mg erhielt, nimmt seitdem diese Dosis konstant ein. Die Patientin lebt recht zurückgezogen, Hauptbezugspersonen sind die beiden Töchter, von der eine in der Nähe der Mutter wohnt. Die Vorstellung erfolgt, nachdem für Kontakte außer Haus immer öfters die Begleitung der Tochter eingefordert wird. Der Grund dafür ist vage – eine Mischung aus körperlicher Unsicherheit, Schwäche und Ängstlichkeit. Die körperliche Symptomatik wird von der Patientin auf den gestörten, unerholsamen Schlaf zurückgeführt. Die Symptomatik bessert sich nach ihren Angaben, wenn sie morgens eine halbe Tablette Bromazepam einnimmt (3mg). Der stationäre Entzug über drei Wochen gestaltete sich unproblematisch, eine weiterführende psychotherapeutische Behandlung war nicht notwendig, da sich das vorbeschriebene Bild nach dem Entzug und unter 20mg Paroxetin fast vollständig zurückbildete.

Phase 2: »Apathiephase«

Kommt es im Verlauf zu einer moderaten – oft über Jahre sich langsam entwickelnden – Dosissteigerung, so treten bei den meisten Patienten die relativen

Entzugssymptome der Phase 1 in den Hintergrund und eine typische Trias von Langzeitnebenwirkungen steht im Vordergrund mit:

➤ abgeschwächtem Gefühlserleben,
➤ Vergesslichkeit und geistige Leistungsminderung sowie
➤ gestörtem Körpergefühl bzw. verminderter körperlicher Energie.

Akzessorische Symptome sind oft abgeschwächte Fähigkeit zur Selbstkritik, Überforderung bzw. Vermeidung von neuen oder belastenden Situationen, gereizte Stimmungszustände, Konfliktvermeidung, muskuläre Schwäche, ggf. mit Reflexverlust und Sturzgefahr, Appetitlosigkeit und Vermeidung des Themas Tabletten bis hin zur heimlichen Einnahme.

Der 79-jährige Patient ist verheiratet, er stellt sich in Begleitung seiner Tochter und seines Schwiegersohns hier vor. Allen Beteiligten erscheint die aktuelle Medikation zu hoch, die von einer Fachärztin für Psychiatrie verordnet wurde: 75mg Mirtazapin (!), 1,5mg Alprazolam und 5mg Zolpidem.

Mit ca. 50 Jahren trat bei ihm erstmals eine depressive Phase auf. Aktuell schläft er sehr wechselhaft und leidet unter Kribbel-Missempfindungen in den Beinen, die Sprache ist leicht verwaschen, er hat ein Morgentief und ist verlangsamt und sorgenvoll. Diagnosen: Restless-legs-Syndrom, rezidivierende depressive Störung, Benzodiazepin-Abhängigkeit. Nach Ausschleichen von Mirtazapin bessern sich Sprache und Antrieb deutlich. Nach Ausschleichen von Alprazolam und Neueinstellung auf Levodopa/Benserazid und Amitriptylin 50 mg schläft er gut, Antrieb und Stimmung sind wieder normal. Nach einer neuerlichen depressiven Phase nach 1½ Jahren erfolgt eine Umstellung auf Agomelatin, darunter ist er seit zwei Jahren psychisch stabil.

Phase 3: »Suchtphase«

Wenn es im Verlauf zu einer deutlichen Dosissteigerung kommt, sind in der Regel die Kriterien einer Suchterkrankung gemäß ICD 10 bzw. DSM IV erfüllt. Sehr häufig findet sich bei den Betroffenen ein zunehmender Kontrollverlust und damit einhergehend Intoxikationserscheinungen sowie eine erhebliche affektive Abstumpfung und Aktivitäten bei der (erfolgreiche) Suche nach weiteren »Quellen« für die Verschreibung bzw. Beschaffung von Benzodiazepinen. Oft bedeutet eine solche zusätzliche »Quelle«, z.B. die weiter verschreibende Urlaubsvertretung des Hausarztes, die Initialzündung für eine dann oft rasante Dosissteigerung, da nun das Mittel »unkontrolliert« eingenommen werden kann. So hatte z.B. eine meiner Patientinnen in einem vierzehntägigen Spanienurlaub die Dosis von zwei bis drei Tabletten

Zolpidem auf nahezu 30 täglich gesteigert, nachdem sie festgestellt hatte, dass das Mittel in Spanien rezeptfrei zu erwerben ist.

Dementsprechend sollten bei der Langzeitverschreibung von Benzodiazepinen nicht die Abhängigkeitskriterien, wie z. b. die Dosissteigerung, herangezogen werden, vielmehr sollte geprüft werden, inwieweit typische Veränderungen der Phase 1 oder Phase 2 auftreten. Diese Veränderungen müssen dann mit dem Patienten besprochen und gemeinsam Vor- und Nachteile der Weiterbehandlung abgewogen werden. Ein solches Gespräch ist im Krankenblatt zu dokumentieren. Als Hilfestellung im Alltag kann der »Lippstädter-Benzo-Check« dienen (www.lwl-klinik-lippstadt.de), der entweder als Selbstbeurteilungs-Bogen für Patienten oder als strukturiertes Interview zur Verfügung steht. Mit 12 Fragen kann geprüft werden, ob leichte oder schon deutliche Zeichen von Langzeitnebenwirkungen aufgetreten sind.

Erreichbarkeit der Betroffenen – eine Frage der ärztlichen Haltung?

Mit diesem Thema insbesondere im Hinblick auf ältere Patienten konfrontiert, lassen sich die Ärzte in drei Gruppen einteilen, wie sie mit den Problemen der Phasen 1 und 2 umgehen:

➢ Die erste Gruppe kann sich nicht vorstellen, dass ihre Patienten nicht mehr von dem initial so gut wirksamen Präparat profitieren. Sie sehen keine Notwendigkeit ihre Verschreibungsweise zu überdenken (Ignoranten).

➢ Die zweite Gruppe kann Zeichen der Phasen 1 und 2 bei ihren Patienten erkennen und hat aus grundsätzlichen Überlegungen heraus bereits früher versucht, die Benzodiazepine bzw. Non-Benzodiazepine auszuschleichen. Dieser Versuch war konfliktreich und führte nicht zum gewünschten Erfolg. Diese Gruppe steht einem Entzug deshalb skeptisch gegenüber (Skeptiker).

➢ Die dritte Gruppe lehnt aus grundsätzlichen Überlegungen wegen des Suchtrisikos einschließlich der Niedrigdosis-Abhängigkeit die Verschreibung von Benzodiazepinen ab und entzieht »mit Gewalt« (Ideologen).

Die Behandlungskunst bei »Langzeitanwendern«, insbesondere bei älteren Patienten, besteht in der Vermeidung von suchttypischen Begrifflichkeiten. Da sich meist keiner der Betroffenen abhängig oder süchtig fühlt, werden sie den Ansatz des »Ideologen« nicht verstehen. Bei den »Skeptikern« ist der Versuch zu entziehen, aufgrund eines falschen pharmakologischen Vorgehens nicht gut gelungen. Die »Ignoranten« versuchen den Entzug bei ihren Patienten erst gar nicht, solange die Menge nicht erheblich gesteigert wird.

Wer soll wie für eine Abdosierung gewonnen werden?

Da in der Diskussion über den Benzodiazepin-Langzeitkonsum häufig einseitig auf die Abhängigkeitsproblematik abgehoben wird, sind sowohl bei den Fachleuten als auch bei den Betroffenen und ihrem Umfeld die Veränderungen der Phase 1 und 2 zu wenig bekannt, sie werden dementsprechend im Alltag nicht erkannt. Wie ist es sonst zu erklären, dass wir in Deutschland gemäß der Zahlen der Deutschen Hauptstelle für Suchtfragen ca. 1,2–1,4 Millionen Abhängige von Sedativa und Hypnotika haben, aber die Zahl der stationären Benzodiazepin-Entzüge pro Jahr unter 10.000 liegt, die Zahl der Entwöhnungstherapien wegen reiner Medikamentenabhängigkeit sogar unter 500?

Wahrscheinlich sind von den genannten 1,2–1,4 Millionen Abhängigen nur ein kleiner Teil in der eigentlichen Suchtphase und der größere Teil in den Phasen 1 und 2. Mit dem *Lippstädter-Benzo-Check* kann zunächst einfach geprüft werden, ob Nebenwirkungen im Kontext einer Langzeiteinnahme aufgetreten sind. Ergibt sich kein Verdacht darauf, so sollte dies entsprechend dokumentiert (zur Absicherung gegenüber GKV, Patient und Angehörigen) und die betroffene Person nochmals auf die Risiken der Langzeiteinnahme hingewiesen werden. Eine solche Überprüfung und Aufklärung sollte quartalsweise wiederholt werden (inklusive Dokumentation).

Zeigen sich Hinweise darauf, dass psychische Veränderungen durch die längere Einnahme eingetreten sind, ist der Patient entsprechend zu beraten. Meist sind die Betroffenen zunächst überrascht, dass das Medikament, das sie scheinbar so gut vertragen, ihnen schaden soll. Insbesondere die Erfahrung der vermehrten Entzugssymptome bei einem früheren Auslassversuch bestärkt Betroffene in der Vorstellung: »Die helfen nicht mehr so gut wie am Anfang, aber ohne geht es gar nicht mehr«. Wenn Patienten aber verstehen, dass die zunehmenden Probleme, gegen die das Präparat auch nicht mehr so hilft wie früher, durch das Medikament bedingt sein könnten, schlagen sie häufig selbst das Absetzen des Benzodiazepins vor. Es muss unbedingt davor gewarnt werden, das Mittel alleine oder gar schlagartig abzusetzen. In der Regel bedarf es in einer solchen Situation keiner großen Überzeugungsarbeit, denn die Vorstellung, mit weniger Medikament sogar weniger psychische Symptome zu haben, ist verlockend.

Die pharmakologische Vorgehensweise

Da ältere Menschen ungern in eine Klinik gehen und schon gar nicht in eine psychiatrische, sollte immer die Möglichkeit eines ambulanten Entzuges geprüft werden. Voraussetzung dafür ist eine ausreichende Mitarbeit des Patienten, möglichst ein unterstützendes und mit einzubeziehendes Umfeld und das Fehlen einer schwerwiegenden aktuellen psychiatrischen Problematik. Bei eventuell vorausgegangenen Entzügen sollten keine Komplikationen aufgetreten sein. Über mögliche Verschlechterungen in der Zeit des Entzuges sollte realistisch aufgeklärt werden (Tab. 3). Liegen besondere Termine, wie Familienfeiern oder eine Reise an, sollte ggf. der Beginn des Entzugs auf die Zeit danach verschoben werden.

Symptomart	Symptome	Häufigkeit ca.
unspezifische Symptome	Schlafstörungen	70 %
	Angst	50 %
	Verstimmung/ Stimmungsschwankungen	50 %
	Muskelschmerzen/ -zuckungen	50 %
	Zittern	40 %
	Kopfschmerzen	40 %
	Übelkeit/Brechreiz/ Appetitverlust	40 %
	Schwitzen	20 %
Wahrnehmungs- störungen	verschwommenes Sehen	20 %
	Überempfindlichkeit	
	~ gegen Geräusche	40 %
	~ gegen Licht	25 %
	~ gegen Geruch	15 %
	~ gegen Berührung	5 %
	Unterempfindlichkeit	
	~ gegen Geruchsreize	15 %
	~ gegen Geschmacksreize	5 %
	Qualitative Veränderung	
	* Bewegungen	> 25 %
	* Sehen	> 10 %
	* Geschmack	> 10 %

Tab. 3: Entzugserscheinungen

Mögliche Entzugskomplikationen können ein Delir und epileptische Anfälle sein. Das Risiko ist bei schrittweisem Ausschleichen allerdings sehr gering. Zum Entzug sollte ein Benzodiazepin mit einer mittleren Halbwertszeit gewählt werden, um unnötige Entzugserscheinungen durch Spiegelschwankungen zu verhindern. Im ambulanten Bereich bei niedriger Dosierung bietet sich Clonazepam (Rivotril) an, das mit einer Halbwertszeit von 30–40 Stunden zu keinem großen kumulativen Effekt führt und über 24 Stunden bei mehrmaliger Gabe pro Tag einen recht konstanten Wirkspiegel ermöglicht. Dazu wird zunächst anhand einer Äquivalenztabelle (Tab. 4) die Dosis des bisherigen Präparates auf Clonazepam umgerechnet.

Wirkstoff	Clinical Handbook of Psychotropic Drugs (in mg)	Ashton (in mg)	Deutsche Leitlinie (in mg)	Holzbach (in mg)
Alprazolam	1	0,5	1	1,5
Bromazepam	6	5–6	6	6
Brotizolam	k.A.	k.A.	0,5	0,5
Chlordiazepoxid	50	25	20	50
Clobazam	k.A.	20	20	20
Clonazepam	0,5	0,5	2	2
Clotiazepam	k.A.	k.A.	5	5
Dikaliumclorazepat	k.A.	k.A.	20	20
Flunitrazepam	k.A.	1	0,5	0,75
Flurazepam	30	15–30	30	30
Loprazolam	k.A.	1–2	1,5	1,5
Lorazepam	2	1	2	2
Lormetazepam	k.A.	1–2	1	1,5
Medazepam	k.A.	10	20	20
Midazolam	k.A.	k.A.	7,5	7,5
Nitrazepam	5	k.A.	5	5
Nordazepam	k.A.	10	20	20
Oxazepam	30	20	30	30
Prazepam	20	10–20	20	20
Temazepam	20	20	20	20
Tetrazepam	k.A.	k.A.	20	50
Triazolam	0,5	0,5	0,5	0,5
Zaleplon	k.A.	20	k.A.	k.A.
Zolpidem	k.A.	20	k.A.	20
Zopiclone	k.A.	15	k.A.	15

Tab. 4: Äquivalenzangaben unterschiedlicher Autoren
Die angegebenen Dosierungen entsprechen 10mg Diazepam.

Da Clonazepam auch in Tropfenform vorliegt, können selbst kleine Dosierungen auf zwei tägliche Gaben aufgeteilt werden, um den Wirkspiegel über 24 Stunden möglichst konstant zu halten. Wurde das bisherige Präparat nur einmal täglich (abends) genommen, wird ein Fünftel bis ein Viertel der bisherigen Dosis morgens gegeben. Dies muss den Betroffenen entsprechend erklärt werden. Weitere Vorteile der Umstellung auf Tropfen sind neben der kleinschrittigen Abdosierungsmöglichkeit die Lösung von der Fixierung auf die Tablette.

Die Abdosierung erfolgt alle 3 bis 5 Tage. Je nach Ausgangsdosis können am Anfang größere Schritte erfolgen und am Schluss kleinere. Die Gesamtdauer des Entzuges sollte nicht zu lange gewählt werden, da sonst die Ausdauer der Patienten überfordert wäre. Folgende Dosierungsbeispiele können als Orientierung bei älteren Menschen dienen. Bei höheren Dosierungen oder gehandikapten Patienten ist der Einsatz von Oxazepam günstiger, da nicht so viele Tropfen abgezählt werden müssen und die 10mg-Tabletten sich vierteln lassen, sodass ebenfalls ein kleinschrittiges Vorgehen möglich ist.

Beispiel 1: Die bisherige Dosis 3 mg Bromazepam abends entspricht nach Holzbach 1 mg bzw. 10 Tropfen Clonazepam. Dosierung bei Entzug: Initial Verteilung auf: 2 – 0 – 8 Tropfen, danach alle 3 Tage um 1 Tropfen reduzieren. Bei der Dosis 2 – 0 – 4 Tropfen im nächsten Schritt 1 – 0 – 4 Tropfen, dann 1 – 0 – 3; 1 – 0 – 2; 0 – 0 – 2; 0 – 0 – 1 jeweils alle 3 Tage weiter reduzieren.

Beispiel 2: Die bisherige Dosis lag bei 10 – 10 – 10 – 20mg Oxazepam. Oxazepam wird alle drei bis fünf Tage um 5mg reduziert (Tab. 5).

10 -	10 -	10 -	20
10 -	5 -	10 -	20
10 -	5 -	5 -	20
10 -	5 -	5 -	15
5 -	5 -	5 -	15
5 -	0 -	5 -	15
5 -	0 -	5 -	10
5 -	0 -	0 -	10
5 -	0 -	0 -	5
0 -	0 -	0 -	5

Tab. 5

Die therapeutische Begleitung

In der therapeutischen Begleitung geht es um das Auffangen der Entzugserscheinungen, überwiegend durch stützende Gespräche. Ideal sind dabei Gruppen mit anderen Betroffenen, die von der eigenen Erfahrung mit dem Entzug und der Bewältigung der Symptome berichten können. Sehr häufig wird eine intensive schlafhygienische Beratung notwendig, da insbesondere bei älteren Menschen häufig die Schlafstörungen die ursprüngliche Indikation für die Benzodiazepine und Non-Benzodiazepine waren und es wenig Bereitschaft gibt, mit Schlafstörungen zu leben. Dies ist insoweit problematisch, da ältere Menschen, sofern sie körperlich gesund sind, weniger schlafen als in früheren Jahren. Als Unterstützung in der Beratung kann der Flyer aus der Reihe »Fragen an den Suchtdoktor« – »Schlafstörungen – was hilft außer Suchtmitteln?!« dienen, der im Internet unter »www.lwl.org/klinik_warstein_bilder/pdf/suchtdoktor2.pdf« heruntergeladen werden kann.

Den Patienten müssen die Entzugserscheinungen immer wieder aktiv genannt werden, verbunden mit der Botschaft: »Das ist normal, das geht vorüber«. Gerade Patienten in der Phase 1 mit bisher nur kurz wirksamen Benzodiazepinen oder Non-Benzodiazepinen werden mit der Umstellung der Medikation in der Regel sogar eine Verbesserung der Beschwerden erleben. Ansonsten gilt, dass die meisten Patienten nur in den Tagen nach dem Absetzen noch ausklingende Entzugserscheinungen haben, nur ein kleiner Teil leidet noch länger darunter. In der Regel werden dann diese protrahierten Entzugssymptome im Verlauf des folgenden Vierteljahres immer seltener, immer schwächer und immer kürzer auftreten. Nur ganz vereinzelt bestehen die Entzugssymptome länger fort. Spätestens dann sollte überprüft werden, ob die Symptome wirklich entzugsbedingt sind oder ob eine andere Störung die Ursache dafür ist. Insbesondere neue oder sich verändernde Beschwerden können Hinweis auf andere Ursachen sein.

Literatur

Ashton H (2002) Benzodiazepines: How they work and how to withdraw. The Ashton Manual. Benzo.org.uk.

Holzbach R, Englert I, Martens M, Naber D (2008) Wie lange darf man Benzodiazepine geben? Eine Expertenbefragung. Sucht 54(3): 163.

Holzbach R, Martens M, Kalke J, Raschke P (2010) Zusammenhang zwischen Verschreibungsverhalten der Ärzte und Medikamentenabhängigkeit ihrer Patienten. Bundesgesundheitsblatt 53: 319–325.

Poser W, Böning J, Holzbach R (2005) Leitlinie »Medikamentenabhängigkeit: Abhängigkeit von Sedativa/Hypnotika«. Suchtmedizin in Forschung und Praxis 7(2): 105.

Virani AS, Bezchlibnyk-Buttler KZ, Jeffries JJ (eds.) (2009) Clinical Handbook of Psychotropic Drugs. 18th Revised Edition. Hofgrefe Publishers.

Korrespondenzadresse:
Dr. Rüdiger Holzbach
LWL-Kliniken Lippstadt und Warstein
Abteilung Suchtmedizin
Franz-Hegemann-Str. 23
59581 Warstein
E-Mail: ruediger.holzbach@wkp-lwl.org

Behandlung von Suchterkrankungen im höheren Lebensalter

Beate Hahne & Maike Schmieta (Göttingen)

Zusammenfassung

In diesem Beitrag werden zunächst klinisch bedeutsame Aspekte und Erscheinungsformen von Alkohol- und Medikamentenabhängigkeit im Alter kurz skizziert. Anschließend wird das Behandlungskonzept einer auf die Behandlung von Suchterkrankungen des höheren Lebensalters spezialisierten Station im Bereich Gerontopsychiatrie einer psychiatrischen Fachklinik vorgestellt. Eine Evaluation ist geplant, die eine weitere Differenzierung und Systematisierung der bisher gewonnenen Erkenntnisse ermöglichen und dadurch zu einer Optimierung der Behandlungsergebnisse führen soll.

Stichworte: Alkoholabhängigkeit, Benzodiazepinabhängigkeit, early onset, late onset, Entgiftung, Gerontopsychiatrie

Abstract: Substance abuse disorder in old age

This paper describes important clinical aspects and features of substance abuse disorders in old age. Subsequently, a treatment program for substance abuse disorders in old age is introduced which is applied by the old age psychiatric department of a mental hospital. This concept is going to be evaluated for a more differentiated and systematic understanding of previous findings leading to improvement of treatment outcome.

Key words: alcoholism, Benzodiazepine addiction, early onset, late onset, detoxication, geriatric psychiatry

Die Situation älterer Suchterkrankter

Die medizinische und klinisch-psychologische Forschung hat mittlerweile umfangreiche Erkenntnisse über Epidemiologie, Verlauf, Nosologie und Ätiologie von Alkoholismus und Medikamentenabhängigkeit erarbeitet. Zahlreiche Interventionsansätze existieren, die sich aber auf unterschiedliche psychopathologische Modelle beziehen. Bei diesen Interventionsansätzen finden die Besonderheiten von Abhängigkeitsstörungen im höheren Lebensalter bisher nur geringe Beachtung und werden auch in der Behandlung nur ungenügend berücksichtigt. Rumpf u. Weyerer (2006) betonen, dass die Forschung in diesem Bereich bisher defizitär sei. Ältere Menschen würden in der Suchthilfe auch nicht adäquat versorgt. Es gibt in der Tat nur wenig Einrichtungen, die explizit konzeptionelle Überlegungen und konkrete Vorgehensweisen für die Therapie älterer substanzabhängiger Menschen entwickelt haben, um der Tatsache gerecht zu werden, dass sich die Betroffenen nicht nur durch ihr Alter von jüngeren Patienten abheben. Bei älteren Patienten sind besondere Vorgehensweisen notwendig, um die Kohäsion in der Gruppe und die Gruppenidentität durch gemeinsame Themen, wie z. B. soziale Isolation, Einschränkung der Mobilität, Verlusterlebnisse wie durch den Tod nahestehender Bezugspersonen oder durch den Eintritt in den Ruhestand, zu fördern. Außerdem ist bei älteren Menschen der Abbau von Alkohol und Tabletten anders als bei jüngeren, was auch Konsequenzen für die Entgiftung hat (Rumpf u. Weyerer 2006, Hiss 2000).

Ungefähr 2–3% der Männer und 0,5–1% der Frauen über 60 Jahre weisen ein Alkoholproblem auf (Brägelmann-Tann 2009, Geyer 2009a, Wolter 2006). Man geht davon aus, dass bei etwa zwei Drittel der Betroffenen eine Abhängigkeit schon seit vielen Jahren besteht (Early-onset-Alkoholiker – EOA). Beim letzten Drittel entwickelt sich eine Sucht erst im Alter (Late-onset-Alkoholiker – LOA) z. B. als Reaktion auf die spezifischen Probleme dieser Lebensphase (Bode u. Haupt 1998). Zwischen diesen beiden Prototypen finden sich auch statistisch fassbare Unterschiede: LOA sind überwiegend Frauen, sie verfügen häufiger über familiäre Bindungen und sind sozial besser integriert. Ihr Bildungsniveau und ihr sozioökonomischer Status sind tendenziell höher, die kognitiven Beeinträchtigungen eher geringer und die Persönlichkeit tendenziell differenzierter und stabiler. Ihre Wohnsituation bleibt eher konstant (Lieb et al. 2008, Mann et al. 2003, Sorocco u. Ferrell 2006, Weyerer 2006). Allerdings lassen sich nicht alle älteren Menschen mit Alkoholproblemen zwanglos einer dieser beiden Kategorien zuordnen, dies ist insbesondere bei Personen mit episodischem Missbrauch der Fall.

Knapp 30% der über 60-Jährigen in Deutschland nehmen außerdem psychotrope Medikamente und von diesen wiederum 70% länger als ein Jahr (Förster u. Thomas 2009). Der Berliner Altersstudie (BASE, Linden et al. 2004) zufolge erhielten knapp 20% der Patienten regelmäßig Benzodiazepine, aber nur bei 0,5% der über 69-Jährigen Personen der Berliner Altersstudie wurde eine Medikamentenabhängigkeit diagnostiziert. Diese

Patienten werden vom suchtspezifischen Therapieangebot nicht erreicht (Soyka et al. 2005).

Grundsätzlich ist der Prozentsatz bei älteren Menschen, bei denen eine Abhängigkeit vorliegt, niedriger als bei jüngeren. Dennoch wird das Thema Sucht im Alter im Zuge des demografischen Wandels wichtiger (Lützenkirchen 2010, Günthner u. Wormstall 2005) und der Handlungsdruck, präventive Maßnahmen oder therapeutische Interventionen zu entwickeln, wird zunehmen. Kohortenspezifische Sozialisationseinflüsse werden vermutlich auch dazu führen, dass die Nachfrage nach therapeutischer Hilfe zunimmt, da sich wohl auch motivationale Barrieren reduzieren.

Das Konzept der Station 2.1 des ASKLEPIOS Fachklinikums Psychiatrie in Göttingen – Spezielles Angebot für Süchtige im höheren Lebensalter

Im Bereich Gerontopsychiatrie hat die Station 2.1 ein Konzept entwickelt, welches sich speziell an ältere Menschen mit Suchtproblemen (Alkohol- und Medikamentenabhängigkeit) richtet. Obwohl es in der Klinik bereits einen Suchtbereich mit spezialisierten Therapieangeboten für jüngere Patienten gibt, hat sich die Etablierung eines Behandlungskonzeptes für suchtkranke ältere Patienten auf einer Station der Gerontopsychiatrie sehr bewährt:

➤ Die spezifischen Aspekte des Alterns und des Alters lassen sich für betroffene Patienten leichter vor dem Hintergrund ähnlich verlaufender Lebensschicksale und vergleichbarer altersassoziierter Probleme und Fragestellungen gezielt und einfühlsam behandeln. Unsere Patienten schätzen dies und fühlen sich häufig durch die (niederschwellige) stationäre Aufnahme entlastet. Wir legen auf der Station besonderen Wert auf einen empathischen und von Wertschätzung getragenen Umgangston, wodurch sich eine offene und weniger angstbesetzte Behandlungsatmosphäre schaffen lässt. Diese erleichtert im Behandlungsverlauf die Bearbeitung besonders tabuisierter Fragen, sofern dies von den Patienten gewünscht wird.

➤ In einer relativ altershomogenen therapeutischen Gruppe unterbleiben Kränkungen durch jüngere, manchmal auch stärker persönlichkeitsgestörte Patienten.

➤ Bei häufig bestehender Multimorbidität und bei den spezifischen pharmakokinetischen und pharmakodynamischen Besonderheiten älterer Menschen kann eine spezifische Diagnostik und Therapie sowie die Umsetzung pflegerischer Maßnahmen besser gelingen als auf einer Station mit gemischter Klientel.

Grundsätzlich sollte eine körperliche Entgiftung älterer Menschen nur unter medizinischer Überwachung erfolgen. Bedarfsorientiert werden dabei auch Diagnostik und Therapie anderer hirnorganischen Beeinträchtigungen des höheren Lebensalters berücksichtigt. So empfehlen wir eine stationäre Behandlung, wenn:

> wiederholte Abstinenzversuche gescheitert sind,
> Entzugserscheinungen auftreten, die eine medikamentöse Behandlung erfordern,
> Komplikationen wie epileptische Anfälle oder ein Delir während früherer Entgiftungen aufgetreten sind,
> körperliche oder psychiatrische Begleiterkrankungen bestehen und
> Vorbereitungen einer Langzeittherapie getroffen werden sollen.

Die Station bietet auch Hilfen, z. B. Krisenintervention, bei akuten oder chronifizierten Psychosen, Suizidalität und Persönlichkeitsstörungen älterer Menschen an, da in vielen Fällen eine Alkohol- und/oder Medikamentenabhängigkeit zu einer anderen psychischen Primärkrankheit hinzu kommen (Stichwort: Doppeldiagnosen) und der Substanzmissbrauch als (letztlich frustraner) Problemlöse- bzw. Selbstbehandlungsversuch verstanden werden kann. Hier wäre es wenig hilfreich, nur eine stationäre Entgiftungsbehandlung durchzuführen, denn letztlich beeinflusst eine nicht behandelte psychiatrische Grunderkrankung oder ein nicht gelöster Primärkonflikt die weitere Krankheitsdynamik.

Die Station 2.1

In der Regel werden Frauen und Männer etwa ab dem 60. Lebensjahr in die Station 2.1 aufgenommen. Die Zuweisung erfolgt durch die behandelnden Haus- oder Fachärzte. Vorab können die Betroffenen aber selbst auch direkt Kontakt mit dem Behandlungsteam aufnehmen und das weitere Vorgehen besprechen.

Die Station verfügt über insgesamt 22 Behandlungsplätze (zwei Ein-Bett-Zimmer und zehn Zwei-Bett-Zimmer). Die Zimmer verfügen über Nasszellen, teils mit Dusche und WC. Ein Wannenbad sowie ein weiteres WC stehen für die Patienten separat zur Verfügung.

Es gibt direkt auf der Station ausreichend große Therapieräume für die verschiedenen therapeutischen Angebote: Ergotherapie, Kochgruppe, Psychoedukation nach Jelinek, Snoezelen und Biofeedback. Außerdem gibt es einen Gemeinschaftsraum mit einem Klavier und einem TV-Gerät.

Die Besuchszeiten orientieren sich an den therapeutischen Terminen, sind im Einzelfall aber nach Absprache regelbar. Die Behandlungsdauer beträgt in der Regel drei Wochen. Die mittlere Behandlungsdauer 2010 lag bei 21,4 Tage. In begründeten Ausnahmefällen wird mit dem zuständigen Kosten- bzw. Leistungsträger eine Verlängerung der Behandlung abgesprochen.

Die Station 2.1 wird als geschlossene gerontopsychiatrische Station geführt. In schwierigen Krisensituationen, in Fällen eingeschränkter bzw. fehlender Orientierung oder im Zustand einer eingeschränkten Steuerungsfähigkeit mit möglicher Eigen- und/oder Fremdgefährdung soll die Station von diesen Patienten nicht verlassen werden. Dies gilt insbesondere auch für die körperliche Entgiftungsphase. Im weiteren Behandlungsverlauf erfolgt eine gestufte Erweiterung der Ausgangsregelung nach vorheriger Rücksprache mit der behandelnden Ärztin/dem Arzt. Schließlich haben die Patienten eine uneingeschränkte Bewegungsfreiheit auf dem Klinikgelände. Auch mit den anderen Patienten der Station werden die Ausgangsregelungen individuell abgesprochen.

Die Behandlung orientiert sich an den Grundsätzen der qualifizierten Entzugsbehandlung mit dem Ziel, über die Entgiftungsphase hinaus den schädlichen Suchtmittelgebrauch als Problem begreifbar zu machen und das missbräuchliche oder abhängige Verhalten zu verändern. Nach Möglichkeit wird angestrebt, dass die Patienten langfristig abstinent bleiben. Wichtig dabei ist auch die Behandlung von suchtspezifischen Folgeerkrankungen.

Diagnosen

Im Jahr 2010 wurden 317 Patienten mit folgendem Diagnosespektrum behandelt: Bei 40% aller Patienten wurde eine Alkoholabhängigkeit (F10.2) und bei ca. 30% eine Medikamentenabhängigkeit (F13.2) diagnostiziert. Neben dem Alkohol- bzw. Medikamentenentzugssyndrom zeigten sich bei einem nicht unerheblichen Anteil der Patienten alkoholbedingte Sekundärerkrankungen, insbesondere hirnorganische Beeinträchtigungen, so das Korsakow-Syndrom (F10.6), die Wernicke-Enzephalopathie (G32.8), ein Delir bei Demenz (F05.1) und andere hirnorganische Störungen, wie z.B. eine vaskuläre Enzephalopathie (F01.3).

Häufige psychiatrische Komorbiditäten waren auch Angststörungen (F41.1), Depressionen mit Suizidalität (F32, F33), andere affektive Störungen (F31, F34), Schizophrenien (F20.0, F20.5), Persönlichkeitsstörungen (F60.6, F61.1, F62) und Nikotinabhängigkeit (F17.3). Das Alkohol-Polyneuropathiesyndrom (G62.1) war auch nicht selten.

Diagnostisches und therapeutisches Vorgehen

Im Zentrum der stationären Arbeit steht zunächst die Akutbehandlung des Abhängigkeitssyndroms und der möglichen Komplikationen in der Intoxikation und beim Entzug. Natürlich werden auch alkoholassoziierte Begleit- und Sekundärerkrankungen behandelt. Für eine adäquate Therapie sind diagnostische Verfahren wie Laboruntersuchungen, EKG, EEG, Abdomensonografie und (extra- und intrakranielle) Dopplersonografie Voraussetzung. Weitere Untersuchungen, wie Nativ-Röntgendiagnostik oder Liquoruntersuchungen, werden im Einzelfall durchgeführt. Untersuchungen in anderen Fachabteilungen oder bei niedergelassenen Fachärzten (z.B. bildgebende Verfahren) sind möglich.

Wir setzen von Anfang an formulargestützte Überwachungsprotokolle ein, in denen sämtliche relevanten Daten wie Herz-Kreislauf- und Stoffwechselparameter eingetragen werden. Im Behandlungsverlauf wird zur Förderung von Krankheitseinsicht und Therapiemotivation ein gesprächs- und verhaltenstherapeutisch orientiertes ärztlich und psychologisch geleitetes Therapieprogramm durchgeführt.

Das heutige Behandlungskonzept wurde im Jahr 2004 konzipiert, sodass inzwischen ein großer Erfahrungsschatz im Umgang mit suchtkranken älteren Menschen vorhanden ist. Zum Behandlungskonzept gehört ein verlässlicher strukturgebender Tagesablauf. Jeder Patient erhält einen Therapie-Wochenplan, in dem individuell unterschiedliche therapeutische Schwerpunkte festgelegt und die entsprechenden Therapietermine vermerkt sind. Diese werden mit den Patienten besprochen, die Teilnahme ist verbindlich.

Die Behandlung erfolgt in enger Zusammenarbeit im multiprofessionellen Behandlungsteam, bestehend aus ärztlichen und psychologischen Therapeuten, Pflegekräften, einer Ergotherapeutin, einem Physiotherapeuten und einem Sozialarbeiter. Wir legen großen Wert auf die Einbeziehung der Angehörigen und Bezugspersonen, mit denen Gesprächstermine nach vorheriger Rücksprache vereinbart werden.

Behandlungsziel ist nach der körperlichen und psychischen Stabilisierung die Wiedereingliederung in das häusliche Milieu. Falls noch die Chance auf eine Berufstätigkeit besteht, bieten wir Hilfe und Beratung bei der Wiederaufnahme der Arbeit.

Das stationäre Angebot im Einzelnen

Jeder Patient der Station wird bei der Aufnahme ärztlich untersucht und im Rahmen einer Zweitsicht beim Fach- bzw. Oberarzt vorgestellt. Hierbei erfolgt neben der ärztlichen Diagnostik die Klärung des juristischen Unterbringungs- und Behandlungsmodus sowie die Planung diagnostischer und therapeutischer Optionen.

Bei der *Oberarztvisite*, die mit den Mitgliedern des multiprofessionellen Teams einmal wöchentlich montags stattfindet, wird der Stand der aktuellen Behandlung gemeinsam mit dem Patienten reflektiert. Dabei werden die aktuelle Medikation und die diagnostischen, medikamentösen oder therapeutischen Optionen mit den Patienten besprochen. Zuvor wird der bisherige Stand der Behandlung im Team erörtert. Die Inhalte der Visite werden formulargestützt dokumentiert und unter der Rubrik »Behandlungsverlauf« in der Patientenmappe abgeheftet. Auch werden für den Patienten wichtige Absprachen (individuelle Besuchsvereinbarung oder geplante Wochenendbelastungsurlaube) notiert. Der schriftlich fixierte Behandlungsverlauf ist allen am therapeutischen Prozess beteiligten Teammitgliedern zugänglich. Durch die Verlaufsdokumentation ist es möglich, sich jederzeit über juristische und patienten- bzw. behandlungsrelevante Einzelheiten zu informieren.

In *ärztlichen Einzelgesprächen* werden die erforderlichen therapeutischen Maßnahmen besprochen. In der *psychologischen Einzeltherapie* wird die individuelle Abhängigkeitsentwicklung thematisiert. Mit den Patienten werden auch die Vor- und Nachteile der Abstinenz erarbeitet. Wichtig sind dabei die Einschätzung der Veränderungsmotivation sowie die Stärken und Ressourcen. Dabei werden gezielt alternative Verhaltensweisen zur Bewältigung kritischer Situationen erörtert. Ergänzend wird auch eine differenzierte *neuropsychiatrische Testdiagnostik* durchgeführt, um Einschränkungen der kognitiven Leistungsfähigkeit zu erfassen. Zusätzlich gibt es eine psychologisch geleitete *Psychoedukationsgruppe* zum Thema Suchterkrankungen im höheren Lebensalter.

Pflegerisch werden die Patienten nach den Grundsätzen der *Bezugspflege* betreut. Dies trägt zur Behandlungskontinuität bei und entspricht unserer in der Gerontopsychiatrie unabdingbaren Grundhaltung der Beziehungsgestaltung. Im Einzelnen gelingt der Beziehungsaufbau z.B. durch Gespräche, grundpflegerische Tätigkeiten und bei der Durchführung der Behandlungspflege. In der Übergabe werden patientenrelevante Informationen zwischen den Berufsgruppen (z.B. während der Morgenübergabe) vermittelt. Die kontinuierliche Dokumentation des Behandlungsverlaufs ist zur gegenseitigen Information von hoher Bedeutung.

Die *Ergotherapeutin* bietet in einzel- und gruppentherapeutisch geleiteten Therapieeinheiten Selbsthilfe- und Alltagstraining zur Stärkung sozialer Kompetenzen. Dazu gehören neben einem Hirnleistungstraining ggf. auch vorbereitende Tätigkeiten im Hinblick auf eine Arbeitserprobung zur beruflichen

Wiedereingliederung. Hierbei ist eine enge Abstimmung mit der Abteilung *Arbeitstherapie* und dem *Sozialdienst* notwendig.

Ergänzend werden Behandlungsverfahren, wie die progressive Entspannung nach Jacobson (PMR), Biofeedback, Snoezelen sowie Aromatherapie angeboten. Durch solche Maßnahmen, die durch Mitglieder des Pflegeteams, unseren Psychologen oder unsere Ergotherapeutin angeleitet werden, können Gefühle tiefer Entspannung, Beruhigung und Erholung sowie Geborgenheit entstehen. Für diese Therapien stehen auf der Station speziell eingerichtete Therapieräume zur Verfügung.

Der *Physiotherapeut* versucht in Einzel- und Gruppentherapie, körperliche Ressourcen zu mobilisieren. Durch den Einsatz körperbezogener Verfahren soll ein neues Körpererleben sowie die Einsicht gefördert werden, dass Patienten auch eigenverantwortlich ihre körperliche Gesundheit fördern können.

Vorbereitung auf die Entlassung

Die Patienten werden hierbei über ambulante oder stationäre Rehabilitationsmöglichkeiten aufgeklärt. Falls eine ausreichende Motivation besteht, kann der *Sozialdienst* die Antragsstellung für Reha-Maßnahmen vorbereiten und die Kostenübernahme klären. Dazu ist auch eine Zusammenarbeit der klinikinternen Sozialarbeiter mit den ortsansässigen Beratungsstellen notwendig. Ziele sind auch der Abbau von Schwellenängsten und die Integration der Patienten in das ambulante Behandlungs- und Hilfesystem für Suchtkranke.

In Einzelfällen werden Patienten auch über die Psychiatrische Institutsambulanz (PIA) weiter betreut, dies schließt eine gesprächstherapeutische und ggf. eine medikamentöse Weiterbehandlung ein (z.B. Einnahme von alkoholaversiv wirkender Medikation).

Ausblick

Ab 2012 planen wir im Bereich Gerontopsychiatrie Göttingen eine Untersuchung, bei der die beschriebene Patientengruppe differenziert nach den oben genannten Kategorien (Late-onset, Early-onset) betrachtet werden sollen. Ziel ist es, herauszufinden, ob und wenn ja welche speziellen Merkmale suchtkranke Patienten des höheren Lebensalters auszeichnen und welche spezifischen Interventionsverfahren zusätzlich zu den bereits verwendeten diagnostischen und therapeutischen Strategien für diese Zielgruppe entwickelt werden müssen.

Literatur

Bode H, Haupt M (1998) Alkoholismus im Alter. Fortschr Neurol Psychiatr 66: 450–458.

Brägelman-Tann S (2009) Lebensabend Sucht? Süchte älterer Menschen und Handlungsmöglichkeiten in der Suchthilfe. In: Niedersächsisches Ministerium für Soziales, Frauen, Familie und Gesundheit (Hg) Lebensabend Sucht? Süchte älterer Menschen und Handlungsmöglichkeiten in der Suchthilfe 19.

Förster M, Thomas C (2009) Aspekte der Substanzabhängigkeit im Alter aus geriatrisch-gerontopsychiatrischer Sicht. Suchttherapie 10: 12–16.

Geyer D (2009a) Dossier: Sucht im Alter. Therapeutische Beziehungen zu älteren Suchtkranken. SuchtMagazin 3: 10–12.

Günthner A, Wormstall H (2005) Alkoholismus bei alten Menschen. In: Tölle R, Doppelfeld E (Hg) Alkoholismus. Erkennen und Behandeln. Köln (Deutscher Ärzte Verlag) 67–99.

Hiss BM (2000) Stationäre Psychotherapie mit Alkoholkranken im Alter. In: Bäurle P, Radebold H, Hirsch RD et al. (Hg) (2000). Klinische Psychotherapie mit älteren Menschen. Grundlagen und Praxis. Bern (Verlag Hans Huber) 162–167.

Lieb B, Rosien M, Bonnet U, Scherbaum N (2008) Alkoholbezogene Störungen im Alter-Aktueller Stand zu Diagnostik und Therapie. Fortschr Neurol Psychiatr 76 (2): 75–83.

Linden M, Bar T, Helmchen H (2004) Prevalence und appropriateness of psychotropic drug use in old age: results from the Berlin Aging Study (BAE). Int Psychogeriatr 16: 461–480.

Lützenkirchen A (2010) Sucht im Alter. Soziale Arbeit mit alkoholabhängigen Menschen über 60 Jahren. Lage (Jacobs Verlag).

Mann K, Mundle G, Heinz A (2003) Alkoholismus und Alkoholfolgekrankheiten. In: Förstl H (Hg) Lehrbuch der Gerontopsychiatrie und –psychotherapie. 2. Aufl. Stuttgart (Thieme) 516–524.

Rumpf HJ, Weyerer S (2006) Suchterkrankungen im Alter. In: Deutsche Hauptstelle für Suchtfragen (Hg) Jahrbuch Sucht 2006. Neuland (Geestacht) 189–199.

Sorocco KH, Ferrell SW (2006) Alcohol Use Among Older Adults. J Gen Psychology 133(4): 453–467.

Soyka M, Queri S, Kufner H et al. (2005) Wo verstecken sich 1.9 Millionen Medikamentenabhängige? Nervenarzt 76: 72–77.

Weyerer S (2006) Alkohol und Medikamente, Missbrauch und Abhängigkeit im Alter. Freiburg (Lambertus).

Wolter DK (2006) Substanzmissbrauch und -abhängigkeit und Folgeprobleme. In: Günnewig T, Erbguth F (Hg) Praktische Neurogeriatrie. Grundlagen-Diagnostik-Therapie-Sozialmedizin. Stuttgart (Kohlhammer) 543–555.

Korrespondenzadresse:
Dr. med. Beate Hahne
ASKLEPIOS Fachklinikum Psychiatrie
Abteilung Gerontopsychiatrie
Rosdorfer Weg 70
D-37081 Göttingen
E-Mail: b.hahne@asklepios.com

Entwöhnungsbehandlung bei älteren Alkoholabhängigen

Dieter Geyer (Schmallenberg-Bad Fredeburg)

Zusammenfassung

Die Behandlung älterer Alkoholabhängiger erfordert eine Modifikation der Entwöhnungsbehandlung im Rahmen medizinischer Rehabilitation. Es wird auf typische Zugangswege, Ziele der Behandlung, Besonderheiten in der Beziehungsgestaltung, therapeutische Schwerpunkte und wichtige psychische und somatische Komorbidität eingegangen. Am Beispiel eines seit mehr als 30 Jahren kontinuierlich weiterentwickelten und auf die Zielgruppe abgestimmten Angebotes wird beispielhaft die Organisation einer stationären Entwöhnungsbehandlung Älterer beschrieben.

Stichworte: Ältere, Entwöhnungsbehandlung, Komorbidität, Psychotherapie

Abstract: Weaning-off treatment of older alcoholics

The treatment of older alcohol-dependent patients requires modification of cessation treatment programs. This paper discusses typical access paths, goals of treatment, psychotherapeutic relationships, therapeutic focuses and important psychological, mental and somatic comorbitidy. Treatment organization of an inpatient cessation program for elderly is described.

Key words: elderly, cessastion treatment, comorbitidy, psychotherapy

Einleitung

In den nächsten Jahren werden die bereits heute nicht seltenen alkoholbezogenen Störungen im höheren Lebensalter (Breslow et al. 2003, Kraus u. Augustin, 2005) aufgrund der Zunahme des Anteils Älterer an der Bevölkerung absolut und wegen der veränderten Konsummuster der jetzt in das Seniorenalter kommenden Nachkriegsgenerationen auch relativ zunehmen. Damit wächst der Bedarf an primär- und sekundärpräventiven Maßnahmen und an geeigneten ambulanten und stationären Behandlungsangeboten.

Gestufte Interventionsmöglichkeiten fehlen noch weitgehend. Altenhilfe und Suchthilfe müssen sich zukünftig besser vernetzen.

In Deutschland hat sich die Entwöhnungsbehandlung Suchtkranker vorwiegend im Rahmen der medizinischen Rehabilitation entwickelt. Diese ist ursprünglich auf jüngere und mittlere Altersgruppen abgestimmt und zielt, neben der Verbesserung der Abstinenzfähigkeit, auf die Absicherung, Verbesserung oder Wiederherstellung der berufsbezogenen Leistungsfähigkeit ab.

1978 wurde in der Fachklinik Fredeburg erstmalig eine für die Altersgruppe der 55- bis 65-Jährigen modifizierte Behandlung angeboten (Soeder 1989). Inzwischen haben in Deutschland weitere Entwöhnungskliniken nahezu flächendeckend ähnliche Angebote etabliert. In der Fachklinik Fredeburg selbst wurden die Behandlungskonzepte kontinuierlich weiterentwickelt und inzwischen auf deutlich ältere Altersgruppen ausgedehnt, sodass heute Patientinnen und Patienten bis ins neunte Lebensjahrzehnt behandelt werden. Erst in den letzten Jahren wurden auch einige ambulante Behandlungsangebote für ältere Alkoholkranke eingeführt.

Ältere Patienten sind in Rehabilitationseinrichtungen Suchtkranker aber weiter unterrepräsentiert. 2010 waren 10,9% der Behandelten in ambulanten Rehabilitationseinrichtungen des Fachverbandes Sucht 61 Jahre und älter (Lang et al. 2011). In stationärer Rehabehandlung waren 4% zwischen 60 bis 64 Jahre alt und 3,2% 65 Jahre und älter (Bachmeier et al 2011).

Im Folgenden wird ein Überblick über den derzeitigen Stand der Entwöhnungsbehandlung älterer Alkoholabhängiger gegeben.

Entwöhnungsbehandlung als medizinische Rehabilitation

Vor dem Hintergrund eines bio-psycho-sozialen Bedingungsgefüges erfolgt die Rehabilitation Alkoholabhängiger im Rahmen einer integrierten Behandlung, in der auf den Einzelfall zugeschnitten psycho-, sozio- und somatotherapeutische sowie andere Interventionen in Kombination angewandt werden (Müller-Fahrnow et al. 2002). Ihre Evidenz gilt als nachgewiesen (Sonntag u. Künzel 2000). Die in der medizinischen Rehabilitation angewandten Behandlungsmodule beinhalten sowohl evidenzbasierte Maßnahmen als auch andere Interventionen, deren Wirksamkeit im Einzelnen nicht oder noch nicht nachgewiesen ist (Geyer et al. 2006), wobei für die Gruppe der Älteren nur geringe Evidenzbasierung vorliegt, da Patienten über 60 Jahre zumeist aus Interventionsstudien ausgeschlossen werden.

Kostenträger für Patienten im erwerbsfähigen Alter ist die gesetzliche Rentenversicherung (§26 SGB IX in Verbindung mit §15 SGB VI) mit dem »Ziel der Wiedereingliederung in Erwerbs- und Arbeitsleben«. Für die älteren und zumeist bereits berenteten Patienten übernimmt die Krankenversicherung gemäß §40 SGB V die Kosten mit dem »Ziel der umfassenden Erhaltung bzw. Wiederherstellung der Gesundheit, der Funktionsfähigkeit sowie der Fähigkeit zur Selbstbestimmung«.

Zielgruppe

Die derzeit vorhandenen ambulanten und stationären Angebote setzen ausreichend erhaltene mentale und körperliche Funktionen voraus. Mental stark beeinträchtigte und pflegebedürftige Alkoholabhängige können derzeit in den Suchtfachkliniken nicht behandelt werden.

Zugang und differenzielle Indikation

Bei älteren Suchtkranken und ihren Angehörigen sind Schuld- und Schamgefühle häufig sehr ausgeprägt. Dennoch lassen sich ältere Abhängige sehr wohl zu einer Behandlung motivieren. Partner, Kinder und Enkelkinder tragen durch Offenlegung und direktes Ansprechen dazu bei, die Bereitschaft zur Inanspruchnahme von Hilfe zu wecken. Haus- und Klinikärzte haben eigentlich die Chance, frühzeitig die Diagnose zu stellen und eine Behandlung einzuleiten. Leider wird von ihnen eine substanzbezogene Störung bei älteren Menschen selten erkannt und, falls sie erkannt wird, erfolgen seltener Interventionen und Empfehlungen als bei jüngeren, wie Curtis bereits 1989 feststellte (Curtis et al. 1989). Dieser Befund hat sich bis heute leider nicht wesentlich geändert. In einer klinikinternen Befragung unserer älteren Patienten nach dem Anlass der Therapie gab nahezu die Hälfte an, auf Druck der Kinder und Enkelkinder gekommen zu sein. Etwa ein Drittel nannte gesundheitliche Gründe und die dringende Empfehlung des Hausarztes.

Bei der Indikationsstellung zur Suchtbehandlung sollten »stepped care«- und »top down«-Ansätze abgewogen werden. Bei nicht vital und erheblich sozial Gefährdeten können Kurzinterventionen im medizinischen Kontext und ambulante, auch aufsuchende, Interventionen in der Gemeinde unter Nutzung der vorhandenen Versorgungsstrukturen der Sucht- und Altenhilfe erfolgen (stepped care). Stärker Gefährdete mit schweren Folgeschäden wie z. B. Leberzirrhose oder drohendem Entzug oder Verlust der Fähigkeit zur Selbstbestimmung sollten schnell und tendenziell maximale medizinische und suchttherapeutische Hilfe erfahren (top down, Kompetenz hat Vorrang).

Die Indikation zur Durchführung einer stationären Entwöhnungsbehandlung liegt vor, wenn gravierende Störungen im körperlichen, psychischen oder sozialen Bereich bestehen, das soziale Umfeld keine ausreichende Unterstützung bieten kann, keine stabile Wohnsituation gegeben ist, die Fähigkeit zur aktiven Mitarbeit, regelmäßigen Teilnahme oder Einhaltung des Therapieplans in einer ambulanten Rehabilitation nicht in ausreichendem Maße vorliegt oder wiederholte Rückfälle in der Vorbereitung oder Durchführung der ambulanten Entwöhnungsbehandlung eingetreten sind. Bei der Vermittlung in stationäre Entwöhnungsbehandlung sollte darauf geachtet werden, dass die Klinik Erfahrung im Umgang mit älteren Abhängigen verfügt. Vorgespräche und Klinikbesichtigungen können den Betroffenen, die häufig keine psychotherapeutischen oder rehabilitativen Erfahrungen haben, die Aufnahme erleichtern. In unserer Klinik beispielsweise stellen Patienten, die gerade behandelt werden, Besuchern die Behandlung vor und mindern so Befürchtungen bezüglich des stationären Aufenthaltes.

Ziele

In der Entwöhnungsbehandlung älterer Abhängiger sind die Befähigung zur abstinenten Lebensführung und die Förderung der Teilhabe allgemeine Ziele. Individuelle Ziele kommen hinzu: Bearbeitung und Integration von Verlusten, Angstbewältigung, Akzeptanz der Endlichkeit des Lebens, Aussöhnung mit dem gelebten Leben, Entspannungsfähigkeit, Verbesserung der Lösungskompetenz, Verbesserung der Kontaktfähigkeit, Verbesserung der Beziehung zum Partner, den Kindern und Enkelkindern, Förderung des Gegenwartbezugs, gesundheitsbewusstes Verhalten, Akzeptanz des gealterten Körpers, Verbesserung der körperlichen Fitness, Schmerzbewältigung, Erlernen einer sinnvollen Tagesstruktur, Verbesserung der Freizeitkompetenz und Verbesserung der Genussfähigkeit.

Patientinnen und Patienten wünschen regelhaft, neben den auf die Abhängigkeit bezogenen Zielen, eine Verbesserung des Kontaktes zu noch vorhanden Bezugspersonen. Sie wollen außerdem wieder mehr Verantwortung übernehmen und ihre Selbstständigkeit erhalten.

Beziehungsaufbau und Beziehungsdynamik

Ältere Patienten profitieren zu Beginn einer Behandlung von der emotionalen Zuwendung, den konkreten Hilfestellungen und einer einfühlsamen Vorgehensweise im Umgang mit Selbstvorwürfen und Schuldgefühlen. Der Respekt vor der bisherigen Lebensleistung und die Betonung der vorhandenen Ressourcen erleichtern den Aufbau einer tragfähigen therapeutischen Beziehung als Voraussetzung einer erfolgreichen Entwöhnungsbehandlung. Das Erleben eines verlässlichen und Vertrauen rechtfertigenden Gegenübers ist für sie bedeutsam. Ein von der Wirksamkeit der Behandlung überzeugter Therapeut erhöht die Wirksamkeitserwartung des Patienten. Auch in der Behandlung Suchtkranker beeinflussen die spezifischen Fähigkeiten des Therapeuten das Behandlungsresultat oft in höherem Ausmaß als die angewandte Methode (Andréasson u. Öjehagen 2003). In einer Untersuchung, die bei älteren Patienten in stationärer psychosomatischer Behandlung durchgeführt wurde, konnte gezeigt werden, dass für sie die therapeutische Beziehung noch wichtiger ist als für jüngere Patienten und dass sie dyadische Beziehungsmuster bevorzugen (Peters et al. 2002). Diese Patienten sind in der Beziehungsgestaltung verlässlich, wenig aggressiv und verfügen in der Regel über hinreichende Frustrationstoleranz und Impulskontrolle.

Um den belastenden Themen älterer Patienten offen begegnen zu können, muss der Therapeut sich mit seinem eigenen Altern und seinen Ängsten vor Gebrechlichkeit, Einsamkeit und Autonomieverlust auseinandersetzen und das in einem Alter, in dem er dies sonst noch nicht tun würde. Vor allem Radebold (1992, vgl. auch Peters 2006) hat sich mit der speziellen Beziehungsdynamik zwischen jüngeren Therapeuten und älteren Patienten auseinandergesetzt und die »umgekehrte Übertragung« beschrieben. Während vom Patienten in einer psychotherapeutischen Beziehung üblicherweise Erfahrungen mit in frühen Lebensphasen wichtigen Bezugspersonen (zumeist Mutter und/oder Vater) weitgehend unbewusst wiederbelebt werden, zeigt sich in der Beziehung zu einem gelegentlich mehrere Jahrzehnte jüngeren Therapeuten eine Übertragung wie zu jüngeren Geschwistern, den eigenen Kindern oder Enkeln. Im weiteren Verlauf der Therapie setzt sich dann zwar die regelhafte Übertragung durch, die umgekehrte Übertragungskonstellation kann aber dennoch fortbestehen. Es ergeben sich in der therapeutischen Beziehung also unterschiedliche Übertragungsanteile aus verschiedenen Lebensphasen, die Beziehungen werden facettenreicher, sind aber auch schwieriger zu entschlüsseln. Bei älteren Patienten mit leichten kognitiven Einschränkungen besteht die Gefahr, die Fähigkeiten des Patienten zur Einsicht und zu Veränderungen zu unterschätzen und ihn durch Überfürsorge in eine abhängige Position zu drängen, statt ihn zu unterstützen, eigene Lösungskompetenzen aufzubauen und eine autonome Position einzunehmen. Nach Hinze (1987) ist der Psychotherapeut eines Älteren zudem einem starken regressiven Sog ausgesetzt und dadurch in der Gefahr, sich als »ideales Kind« oder »guter Enkel« mit dem Patienten gegen dessen Kinder zu verbünden.

Um Spaltungsvorgänge zwischen den Ärzten, Pflegern und den anderen therapeutischen Mitarbeitern begegnen zu können, ist eine reflektierende und durch Supervision gestützte Teamarbeit erforderlich, zumal ältere Menschen gelegentlich auf die ärztliche Behandlung fixiert scheinen.

Organisation einer stationären Entwöhnungsbehandlung Älterer am Beispiel der Fachklinik Fredeburg

Für die Patientinnen und Patienten stellen ihre Gruppe und ihr Behandlungsteam, das aus vier Berufsgruppen besteht, während der stationären Entwöhnungsbehandlung den Bezugsrahmen dar. Wir ordnen die Älteren nach dem Lebensalter und den voraussichtlichen thematischen Schwerpunkten den einzelnen Seniorengruppen zu. Beispielsweise steht in einer Gruppe mit einem Durchschnittsalter von über 70 Jahren das Ziel des Erhaltes der Unabhängigkeit im Vordergrund und ein Schwerpunkt der Behandlung ist das Training alltäglicher Fertigkeiten, während in den jüngeren Seniorengruppen Ablösungsprozesse aus dem Erwerbsleben und andere Entwicklungsaufgaben des Alters zumeist die Inhalte der Psychotherapie bestimmen. Psychotherapie in der Gruppe erfolgt drei- bis viermal pro Woche mit einer Dauer von 90 Minuten. Falls die Teilnehmer ihre Aufmerksamkeit nicht so lange aufrecht erhalten können, werden kurze Pausen mit Atemübungen oder Gymnastik eingelegt oder die Therapiedauer verkürzt. Zusätzlich zur Gruppenpsychotherapie nehmen die Patienten an der sogenannten Suchtgruppe (Psychoedukation, Vertiefung der Krankheitsakzeptanz und des Krankheitsverständnisses) und an einem Rückfallpräventionstraining gemeinsam mit Patienten anderer Altersstufen teil. (Die jüngsten Patienten der Klinik sind 17 bis 18 Jahre alt, das Durchschnittsalter beträgt ca. 44 Jahre). Einzelpsychotherapie wird in ihrer Intensität je nach individueller Indikation angewandt. Auf Wunsch und gemäß den Ergebnissen des diagnostischen Assessments erfolgt eine Zuweisung zu weiteren Behandlungsangeboten wie z.B. zur Tabakentwöhnung, die altersübergreifend durchgeführt werden.

Gemeinsam mit den Gleichaltrigen der Bezugsgruppe nehmen die Senioren an der Sport- und Bewegungstherapie, der Kreativtherapie und an soziotherapeutischen Funktionsdiensten teil. Hirnleistungstraining kann individuell oder in der Altersgruppe übergreifend erfolgen. Die Durchführung der Sport- und Bewegungstherapie in einer altershomogenen Gruppe erleichtert, dass die Schamschwelle berücksichtigt wird, und vermeidet, dass ältere Patienten ihre körperlichen Grenzen überschreiten. Wassergymnastik, Schwimmkurse, Wanderungen und das Vermitteln von Entspannungstechniken verbessern das Allgemeinbefinden und fördern das Selbstvertrauen. In der Kreativtherapie werden schlummernde oder verkümmerte Fähigkeiten sichtbar und nutzbar gemacht. Arbeiten mit den verschiedensten Materialien sind bei älteren Patienten sehr beliebt und werden auch nach der Therapie oft beibehalten. Das Erlernen der Nutzung von Computer- und Internetangeboten für Senioren stellt eine Hilfe zur sozialen Einbindung, Freizeitgestaltung und Erhöhung des Selbstwertgefühls dar. Angehörigenseminare und -gespräche bieten den Rahmen für konstruktive Veränderungen von sozialen Beziehungen und eine Klärung der familiären Situation, welche insbesondere bei den Älteren und von ihrem sozialen Netzwerk abhängigen Patienten eine wichtige prognostische Bedingung für die Abstinenz darstellt.

Für Patienten, die voraussichtlich nicht mehr selbstständig leben können, lassen wir regionale Versorgungsangebote der Altenhilfe besichtigen und an ambulanten Angeboten für Senioren teilnehmen, um ihnen beispielhaft solche Angebote nahezubringen und die oft vorhandenen Vorurteile abzubauen. Das Training alltäglicher Fertigkeiten umfasst hauswirtschaftliche Arbeiten, Ernährungsberatung, Kochtraining, aber auch medizinisch-pflegerische Unterstützung und verhaltensmedizinische Übungen, die z. B. bei Blasenschwäche oder zur Blutzuckerbestimmung und zum Blutdruckmessen notwendig sind.

Neben der Seniorenbehandlung bietet die Fachklinik auch altersbezogene Behandlungsangebote für junge Suchtkranke an. Die Gruppen mit älteren Patienten sind bislang auf die einzelnen Behandlungsteams verteilt, um so den Austausch zwischen Patienten unterschiedlicher Altersgruppen zu fördern. Während sich die jüngsten, also die 17- bis 25-jährigen Patientinnen und Patienten oft in interpersonellen Konflikten aufreiben, ist dies bei den ältesten Patienten deutlich seltener zu beobachten. Sie sind sehr solidarisch untereinander, bringen aber für die expansiven Verhaltensweisen der Jüngsten mehr Verständnis auf als die Patienten mittleren Alters.

Psychotherapeutische Schwerpunkte

Die Lebenssituation älterer Alkoholabhängiger ist häufig durch körperliche und psychische Multimorbidität sowie durch geringe soziale Ressourcen geprägt. Neben den üblichen Arbeitsfeldern der Suchtbehandlung wie die

Förderung von Krankheitseinsicht und -akzeptanz sind für die Verbesserung der Abstinenzfähigkeit älterer Abhängiger das Aufgreifen einiger typischen Themen bestimmend, wobei sich die Schwerpunkte mit dem zunehmenden Alter von der Bewältigung sogenannter Entwicklungsaufgaben des Alters verschieben hin zu dem Erhalt alltäglicher Fertigkeiten. Bei stärkeren Einschränkungen kann das Einleiten konkreter Unterstützungsmaßnahmen wie die Einrichtung einer gesetzlichen Betreuung oder die Vermittlung in eine Form des betreuten Wohnens im Vordergrund stehen.

Altersarbeitslosigkeit, Vorruhestand, Berentung, Freizeitaktivitäten

Während die Mehrzahl der Menschen das Ausscheiden aus dem Erwerbsleben gut bewältigt, sehen wir häufig in der Suchtrehabilitation vor allem 55 bis 65 Jahre alte Männer, die an dieser Aufgabe gescheitert sind. Häufig konnten sie ihren Ausstieg aus dem Erwerbsleben nicht selbst gestalten. Der Verlust der Arbeit und der damit verbundene Verlust der Selbstwertstabilisierung führten zu einer schweren narzisstischen Krise, in der rückschauend eine Entwertung des gesamten Lebensweges drohte. Auf dem Boden eines oftmals schon zuvor bestehenden riskanten Trinkverhaltens wird Alkohol dann zur Entlastung eingesetzt und schädliche und schließlich abhängige Muster können sich rasch etablieren.

In der Einzel- und Gruppenpsychotherapie kann mittels Lebensrückblicktechniken eine Neubewertung des bisherigen Arbeitslebens und Freizeitverhaltens erfolgen. Zur Entwicklung neuer außerberuflicher Aktivitäten sind die Rückmeldungen der Mitpatienten hilfreich, die von ihren Aktivitäten und Engagements berichten. Fehlen Möglichkeiten zur aktiven Freizeitgestaltung, so kann dies eine Suchtentwicklung mit bedingen. Dem Einüben eines strukturierten Tagesablaufs und der Ermutigung zu einer vermehrten Teilnahme am gesellschaftlichen Leben kommt daher hohe Bedeutung zu. Diese Themen werden von den Patienten selbst gerne aufgegriffen, zumal sie ihrem Wunsch nach der Übernahme von Verantwortung entgegenkommt.

Tod von Angehörigen und Freunden

Schwere Erkrankung, Demenz und Tod naher Angehöriger und der Umgang mit Vereinsamung und Überlebensschuld sind wichtige Themen in der Einzel- und Gruppenpsychotherapie. Etwa 45% der älteren Frauen und 10% der

Männer sind verwitwet. Eine nicht gelingende Trauerarbeit ist ein häufiger Anlass für einen Rückfall oder die Neuentwicklung eines süchtigen Verhaltens. Wir folgen in unsere Arbeit den therapeutischen Grundsätzen im Umgang mit Trauernden, wie sie Maercker (2002) beschrieben hat.

Kriegserlebnisse und Nachkriegs-Erfahrungen und weitere Traumatisierungen

Verzögert auftretende Posttraumatische Belastungsstörungen sind bei älteren Menschen relativ häufig (Fischer et al. 2006). Sie waren im Laufe ihres Lebens häufiger mit traumatischen Erlebnissen konfrontiert als jüngere. Dies gilt besonders für diejenigen, die die Kriegs- und Nachkriegszeit als Kind oder als Heranwachsende erlebt hatten. Über die inneren Nöte konnte damals kaum gesprochen werden, psychologische Hilfen gab es nicht. Nach Wegfall der alltäglichen Aufgaben, ausgelöst durch alterstypische Belastungen, durch Re-Traumatisierung und wahrscheinlich auch durch beginnende diskrete Hirnabbauprozesse, können unverarbeitete Rückerinnerungen überhandnehmen und bedürfen dann in der Entwöhnungsbehandlung einer therapeutischen Bearbeitung.

Ältere Frauen waren im Laufe ihres Lebens häufig sexuellen Übergriffen ausgesetzt, und dies in einer Zeit, in der diese Thematik noch wesentlich stärker als heute tabuisiert war. Es kommt daher nicht selten vor, dass sie während der Entwöhnungsbehandlung erstmals über ihre Erlebnisse und den daraus resultierenden Folgen für partnerschaftliche Beziehungen, Körpererleben und Sexualität sprechen können. Voraussetzung hierzu ist, dass eine entsprechende therapeutische Atmosphäre geschaffen wird. Wir behandeln diese Themen in der Einzelpsychotherapie und in der Bezugsgruppe Älterer. Gemeinsam mit jüngeren Patientinnen und Patienten, bei Bedarf nach Geschlechtern getrennt, kann diese Problematik auch in der indikativen »Traumagruppe« thematisiert werden, in der Traumata mittels Psychoedukation, Distanzierungstechniken und EMDR bearbeitet werden.

Soziotherapeutische Schwerpunkte

Die oft unsichere und schwierige sozialen Situation älterer Alkoholabhängiger bedarf intensiver und kompetenter Sozialarbeit. Die Überprüfung und Absicherung der Wohnverhältnisse, die Vermittlung in verschiedene Formen des Betreuten Wohnens oder in Altenwohnanlagen und Pflegeeinrichtungen ist ebenso ein Schwerpunkt wie die Hilfen bei versicherungsrechtlichen Fragen, bei der Schuldenregulierung, der Inanspruchnahme ambulanter Pflegedienste oder der Beantragung einer gesetzlichen Betreuung.

Psychische Komorbidität

Die Prognose von Suchterkrankungen hängt u. a. von den sozialen Einflussfaktoren und von dem Vorhandensein und dem Ausmaß psychischer Komorbidität ab. Auch ältere Alkoholabhängige leiden häufig an weiteren substanzbezogenen Störungen. Vor allem die Tabakabhängigkeit und der schädliche oder abhängige Konsum von Sedativa, Hypnotika oder Analgetika sind häufig. Problematischer Medikamentenkonsum steigt mit zunehmendem Lebensalter und ist bei Frauen häufiger. Da nachkommende Seniorengenerationen ihre früheren Konsummuster tendenziell beibehalten, wird die Zahl illegalisierte Drogen konsumierender Älterer zukünftig deutlich zunehmen.

Depressionen und Angststörungen werden bei älteren Menschen genauso häufig diagnostiziert wie bei Jüngeren, die Symptome äußern sich jedoch oft anders. Vor allem ältere Männer weisen eine hohe Suizidrate auf. Deshalb ist auf suizidale Tendenzen zu achten. Zudem sind Schlafstörungen häufig. Diese Störungen müssen unter Berücksichtigung der alterstypischen Variationen mitbehandelt werden.

Milde kognitive Störungen sind bei älteren Alkoholkranken außerdem häufig. Zusätzlich zu einem reduzierten Arbeitstempo, verkürzten Einheiten und angemessenen Pausen in der therapeutischen Arbeit ist dann ein neurokognitives Training unverzichtbar. Verhaltensmedizinische Maßnahmen, wie das Führen eines Zeitplaners, in den alle Termine notiert werden und der stets mitzuführen ist, sind hilfreich.

Somatische Komorbidität

Bei der Behandlung älterer Suchtkranker sind allgemeinmedizinisch-internistische, neurologische und geriatrische Kompetenzen unverzichtbar. Die meisten älteren Alkoholabhängigen leiden an mehreren Erkrankungen gleichzeitig. Kardiovaskuläre, gastroenterologische und orthopädische Leiden mit Einschränkung der Mobilität sind ebenso häufig wie Seh- und Hörstörungen und urologische Probleme. Multimedikation ist sehr häufig und stellt eines der größten Probleme in der ärztlichen Behandlung dar. Die Teilhabe kann durch die körperlichen Störungen erheblich eingeschränkt sein. Eine ganzheitliche Problemsicht und nicht eine künstliche Trennung psychischer Themen vom Erleben körperlicher Erkrankungen sind notwendig. Da Ältere stärker als Jüngere auf Ärzte als Helfer fixiert sind und mit den Berufsgruppen der Psychologen und Sozialarbeiter weniger Erfahrungen haben, ist es bei ambulanten und stationären Behandlungen besonders wichtig, eine gute Teamarbeit zu etablieren.

Ambulante Entwöhnungsbehandlung Älterer

Bei der Planung ambulanter Angebote ist auf eine gute, barrierefreie Erreichbarkeit zu achten. Die Angebote sollten in den Vormittagsstunden stattfinden. Bei genügender Nachfrage können zielgruppengerechte Angebote entwickelt werden. Ist dies nicht möglich, sollte individuell auf die spezifischen Bedürfnisse älterer Suchtkranker eingegangen werden. Auf eine gute Zusammenarbeit mit den Hausärzten und mit der Altenhilfe ist zu achten.

Ausblick

Die Behandlungsergebnisse bei älteren Abhängigen in spezialisierten Abteilungen sind gut, sie stehen denen bei jüngeren nicht nach. Die Haltequoten sind ähnlich, die Abstinenzquoten nach einem Jahr sogar höher (Quinten u. Grönle-Jeuck 2002, Geyer u. Penzek 2007). In Anbetracht der steigenden Lebenserwartung, des demografischen Wandels und der zu erwartenden Zunahme substanzbezogener Störungen auch bei Hochbetagten reichen die derzeit vorhandenen Versorgungsstrukturen jedoch nicht aus. Die Einführung und Finanzierung von rehabilitativen Behandlungsangeboten für Pflegebedürftige ist ebenso wichtig wie die Verbesserung der Versorgungssituation älterer Menschen mit alkohol- und medikamentenbezogenen Störungen in Pflegeeinrichtungen (Kuhn 2009).

In mehreren regionalen Modellversuchen wird derzeit erprobt, wie die Mitarbeiter der Suchthilfe für Fragen des Alterns und für die speziellen Bedarfe betagter Betroffener weitergebildet und die Mitarbeiter der Altenhilfe für substanzbezogene Störungen sensibilisiert werden können. Sinnvoll ist es, die beiden Versorgungssysteme nachhaltig zu vernetzen (www.unabhaengig-im-alter.de), um den bislang nicht erreichten älteren Suchtkranken angemessene Hilfen zur Verbesserung ihrer Lebensqualität zukommen zu lassen.

Literatur

Andréasson S, Öjehagen A (2003) Psychosocial treatment for alcohol dependence. In: Berglund M, Thelander S, Jonsson E (Hg) Treating alcohol and drug abuse. An evidence based review. Weinheim (Wiley-VCH) 43–188.

Bachmeier R, Funke W, Garbe D et al. (2011) Basisdokumentation 2010 – Fachkliniken für Alkohol-, Medikamentenabhängigkeit. Fachverband Sucht e. V. (Hg) Reihe: Qualitätsförderung in der Entwöhnungsbehandlung Band 18: 5–22.

Breslow RA Faden VB, Smothers B (2003) Alcohol consumption by elderly Americans. J Stud Alcohol 64: 884–892.

Curtis JR, Geller G, Stokes EJ et al. (1989) Characteristics, diagnosis and treatment of alcoholism in elderly patients. Alcohol Clin Exp Res 18: 196–201.

Fischer CJ, Struwe J, Lemke MR (2006) Langfristige Auswirkungen traumatischer Ereignisse auf somatische und psychische Beschwerden am Beispiel von Vertriebenen nach dem 2. Weltkrieg. Nervenarzt 77: 58–63.

Geyer D, Batra A, Beutel M et al. (2006) AWMF Leitlinie Postakutbehandlung alkoholbezogener Störungen. Sucht 52: 8–34.

Geyer D, Penzek C (2007) Wirkfaktoren in der stationären Rehabilitation älterer Alkoholabhängiger. In: Fachverband Sucht e.V (Hg) Wirksame Therapie. Wissenschaftlich fundierte Suchtbehandlung. Geesthacht (Neuland) 305–316.

Hinze E (1987) Übertragung und Gegenübertragung in der psychoanalytischen Behandlung älterer Patienten. Psyche 41: 238–253.

Kraus L, Augustin R (2005) Repräsentativerhebung zum Gebrauch und Missbrauch psychoaktiver Substanzen bei Erwachsenen in Deutschland. Epidemiologischer Suchtsurvey 2003. Sucht 51 Sonderheft 1: 4–57.

Kuhn S, Haasen C (2009) Repräsentative Erhebung zum Umgang mit suchtmittelabhängigen älteren Menschen in stationären und ambulanten Pflegeeinrichtungen: Abschlussbericht. Hamburg (Zentrum für Interdisziplinäre Suchtforschung (ZIS) der Universität Hamburg) http://www.zis-hamburg.de/uploads/tx_userzis/Kuhn_Haasen_2009_Abschlussbericht_Sucht_im_Alter.pdf

Lange N, Wüst G, Brenner R et al. (2011) Basisdokumentation 2010 – Ambulante Rehabilitationseinrichtungen. Fachverband Sucht e. V. (Hg) Reihe: Qualitätsförderung in der Entwöhnungsbehandlung Band 18: 5–22.

Maercker A (2002) Posttraumatische Belastungsstörungen und komplizierte Trauer. In: Maercker A (Hg) Alterspsychotherapie und klinische Gerontopsychologie. Berlin (Springer) 245–284.

Müller-Fahrnow W et al. (2002) Sucht-Rehabilitation in Deutschland: Bestandsaufnahme und Perspektiven. Eine Expertise des Lehrstuhls Versorgungsforschung der Humboldt-Universität zu Berlin. In: Verband Deutscher Rentenversicherungsträger, Frankfurt am Main (DRV-Schriften) Bd 32.

Peters M, Radebold H, Hübner S (2002) Stationäre Gerontopsychosomatik. Z Gerontopsychologie und -psychiatrie 15: 33–45.

Peters M (2006) Psychosoziale Beratung und Psychotherapie im Alter. Göttingen (Vandenhoeck & Ruprecht).

Quinten C, Grönke-Jeuck U (2002) Die stationäre Behandlung von Alkohol- und Medikamentenabhängigkeit im höheren Lebensalter: Klinische Erfahrungen und Katamnese. In: Fachverband Sucht (Hg) Die Zukunft der Suchtbehandlung: Trends und Prognosen. Geesthacht (Neuland) 433–442.

Radebold H (1992) Psychodynamik und Psychotherapie Älterer. Berlin (Springer).

Soeder M (1989) Abhängigkeit und Sucht. In: Platt D (Hg) Handbuch der Gerontolologie, Bd 5: Neurologie, Psychiatrie. Stuttgart (Fischer) 337–355.

Sonntag D, Künzel J (2000) Hat die Therapiedauer bei alkohol- und drogenabhängigen Patienten einen positiven Einfluß auf den Therapieerfolg? Sucht 46 Sonderheft 2.

Korrespondenzanschrift:
Dr. med. Dieter Geyer
Fachklinik Fredeburg
Zu den drei Buchzen 1
57392 Schmallenberg-Bad Fredeburg
E-Mail: dieter.geyer@fachklinik-fredeburg.de

Wolf-Detlef Rost

Psychoanalyse des Alkoholismus

Michael Tillmann

Ich, das Geräusch

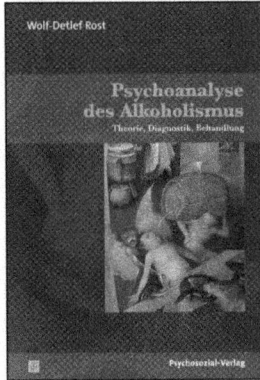

2009 · 308 Seiten · Broschur
ISBN 978-3-8379-2007-9

2. Aufl. 2012 · 110 Seiten · Broschur
ISBN 978-3-89806-618-1

Dieses Buch will das Verständnis für die Psychodynamik hinter der Sucht fördern und sieht den Alkoholismus als Symptom einer tiefer liegenden Störung. Ausgehend von der psychoanalytischen Theorie werden dazu unterschiedliche Formen von Alkoholabhängigkeit diagnostisch erfasst und an zahlreichen Fallbeispielen erläutert. Darüber hinaus reflektiert der Autor psychodynamisch die gängige Behandlungspraxis sowie die Selbsthilfe und entwickelt ein kausal angelegtes Modell der Behandlung von Süchtigen.

Dieses von psychoanalytischen Gedanken inspirierte Buch will helfen, das individuelle Symptom zu verstehen und mit gesellschaftlichen Einflüssen in Beziehung zu setzen. Während Globalisierung und Moderne entsinnlichen und verstören, fordert der Tinnitus zu einer Kommunikation auf, mithilfe derer diese verloren gegangene Sinnlichkeit wiedergefunden werden kann: Betrachten Sie den Tinnitus nicht als etwas Feindliches, sondern versuchen Sie zu verstehen, was er Ihnen sagen möchte.

Walltorstr. 10 · 35390 Gießen · Tel. 0641-969978-18 · Fax 0641-969978-19
bestellung@psychosozial-verlag.de · www.psychosozial-verlag.de

Gerontopsychiatrisch-suchtmedizinische integrierte Versorgung (GSIV)

Ein Modellprojekt

Jürgen Fischer (Stuttgart)

Zusammenfassung

Suchtbezogene Störungen bei der älteren Bevölkerung gewinnen weiter an Bedeutung, ebenso die Komorbidität von gerontopsychiatrischen Störungen und Abhängigkeitserkrankungen. Im Projekt entwickelte ein multiprofessionelles Kompetenzteam unter ärztlicher Leitung einen Versorgungsstandard zur integrierten Versorgung suchtgefährdeter/suchtkranker und zugleich gerontopsychiatrisch erkrankter Menschen und deren Angehörigen in der Versorgungsregion Stuttgart. Die integrierte Versorgung findet dabei klinikübergreifend im Klinikum Stuttgart, sektorenübergreifend zwischen dem stationären und ambulanten Bereich und säulenübergreifend zwischen der Klinik und den Kooperationspartnern der Sucht- und Altenhilfe statt. Vorgestellt werden das Projekt und erste Projektergebnisse.

Stichworte: Sucht, Gerontopsychiatrie, Doppeldiagnose, integrierte Versorgung, Alkoholmissbrauch, Benzodiazepinmissbrauch

Abstract: Geriatric psychiatric integrated medical care for addicts

The significance of addiction related disorders for elderly people and the comorbidity of addiction disorders in geriatric psychiatry is rising constantly. A multi-professional team of experts lead by a medical doctor is working on this project in Stuttgart, Germany. The team is developing standards for medical care for the elderly as well as for their family members. The integrated medical care takes place in the *Klinikum Stuttgart*. It combines an inpatient and outpatient sector as well as the clinic and its cooperating partners which are addiction help services and care services for the elderly. The project and its first results are presented.

Key Words: addiction, geriatric psychiatry, double diagnosis, integrated health care, Benzodiazepine abuse

Von Sisyphos, Pandora und anderen Schwierigkeiten

Eine 69-jährige alleinlebende Patientin wird notfallmäßig mit einem Kranken-wagen liegend zur Klinik für Psychiatrie und Psychotherapie für Ältere gebracht. Sie ist immobil, apathisch und lebensüberdrüssig. Es werden eine Depression sowie eine generalisierte Angststörung diagnostiziert und eine entsprechende Behandlung wird begonnen. Am nächsten Tag stellt sich heraus, dass sie zu-sätzlich von Benzodiazepinen und Opiaten abhängig ist, außerdem nimmt sie in missbräuchlichem Ausmaß nichtstereoidale Antirheumatika, Laxantien und auch alkoholhaltige Beruhigungsmittel, wie z. B. Baldrian. Bei der Untersuchung wird klar, dass sie unter einer ausgeprägten Kyphose und Skoliose der Wirbelsäule leidet. Damit zusammenhängend besteht ein chronisches Schmerzsyndrom der gesamten Wirbelsäule, zudem klagt sie über rezidivierende diffuse Kopfschmer-zen. Als weitere Diagnosen kommen hinzu eine Polyneuropathie, eine kardiale Dekompensation bei Mitralinsuffizienz und eine restriktive Ventilationsstörung infolge der ausgeprägten BWS-Skoliose und -Kyphose.

Durch die vorhandene Multimorbidität gestaltet sich die Entzugsbehand-lung besonders schwierig. Es wird eine fraktionierte Entgiftung durchgeführt, bei der viele Komplikationen auftreten, ihre Bereitschaft, in der Therapie zusammenzuarbeiten, und ihre Compliance sind zunächst äußerst gering. Erst nach 6 Monaten ist die Patientin wieder in der Lage, selbstständig zu gehen, nachdem sie beinahe täglich physiotherapeutisch behandelt wurde. Im zweiten Monat der Klinikbehandlung wird mit psychotherapeutischen Gesprächen, die zunächst einen psychoedukativen Charakter hatten, begonnen, sie werden später in eine Verhaltenstherapie übergeleitet. Diese therapeutischen Angebote werden von der sehr differenzierten Patientin positiv aufgenommen und sie versucht, gewonnene Einsichten auch umzusetzen.

Der Antrag auf eine Entwöhnungsbehandlung wird positiv beschieden. Zwei Tage nach Antritt der Entwöhnungsbehandlung wird die Patientin aber wieder auf die gerontopsychiatrische Akutstation zurückgebracht. Sie sei weder seelisch noch körperlich ausreichend belastbar. Die vollstationäre Behandlung wird deshalb zwei weitere Monate mit themenzentrierten Ge-sprächen, verschiedenen Aktivierungsgruppen und verhaltenstherapeutischer Einzel- und Gruppentherapien fortgeführt. In der Tagesklinik wird das dif-ferenzierte Behandlungsprogramm dann fortgesetzt. Nach der Entlassung erfolgt eine Weiterbetreuung zu Hause, auch aufsuchend, durch die psychi-atrische Institutsambulanz (Memory Clinic).

Fünf Monate später stürzt die abstinente Patientin und erleidet eine Ober-schenkelfraktur links. Sie wird operiert, es folgt eine stationäre Rehabilitation. Es werden in dieser Zeit diverse Schmerzmittel, auch Opiate und Sedativa, verordnet und die Patientin wird mit diesen verordneten Medikamenten nach Hause entlassen. Eine Woche später kommt die Patientin aus eigenem Antrieb wieder zur Aufnahme in die gerontopsychiatrische Tagesklinik. Hier werden erneut eine Entgiftung und ein Entzug durchgeführt und die Voraussetzungen für eine Wiedereingliederung geschaffen.

Diese Kasuistik ist sicher besonders komplex und der Verlauf außerordentlich schwierig. Dennoch macht sie anschaulich, welche Ressourcen benötigt werden, um bei manchen Patienten eine gewisse Stabilität und Lebensqualität zu erreichen. Dieser Fall gab letztlich den Anstoß, das Projekt zu initiieren, zumal Patienten mit solchen klinischen Bildern zunehmend häufig aufgenommen werden, sie weisen häufig, zusätzlich zur Grundkrankheit, eine Missbrauchs- oder Abhängigkeitssymptomatik auf. Mehrere Epidemiologen (Atkinson 1990, Weyerer et al. 2009, Schmitz-Mohrmann 1992) machten teils schon Anfang der 1990er Jahre darauf aufmerksam, dass die Häufigkeit alkoholabhängiger älterer Patienten im Allgemeinkrankenhaus unterschätzt werde. Die Zahl der Benzodiazepinverordnungen bzw. des Benzodiazepingebrauchs steigt mit zunehmendem Alter nicht nur in Deutschland (Wolter 2011, 79ff). Komorbider Missbrauch bzw. komorbide Abhängigkeit komplizieren die Behandlung, verlängern die Behandlungszeiten und erschweren die soziale Reintegration (Prigerson et al. 2001). Trotz des differenzierten und reichhaltigen Angebots der Suchtkrankenhilfe kann dieses älteren Patienten, die von Alkohol, Tabletten oder Drogen abhängig sind und gleichzeitig unter einer anderen psychiatrischen Erkrankung leiden, nach klinischer Erfahrung in vielen Fällen nicht gerecht werden.

GSIV ist ein gemeinsames Projekt der Klinik für Psychiatrie und Psychotherapie für Ältere (KPPÄ), der Klinik für Suchtmedizin und Abhängiges Verhalten (KSAV), des Geriatrischen Zentrums (GZS) im Klinikum Stuttgart und dem Institut für angewandte Sozialwissenschaften der Dualen Hochschule Baden-Württemberg (IfaS). Hilfreich ist, dass das Projekt von der Baden-Württemberg-Stiftung zwei Jahre gefördert wird. Durch die Bündelung der Fachkompetenz der Kliniken konnte das erweiterte Versorgungsangebot für ältere Menschen mit Doppeldiagnosen realisiert werden. Bei der Umsetzung musste auf die bestehenden Versorgungspfade und Routinen in den verschiedenen Kliniken in besonderer Weise Rücksicht genommen werden.

Projektziele

Ziele des GSIV-Projektes sind:
➤ zuverlässige Identifizierung bzw. Detektion (d.h. Aufspüren bzw. Erkennen) von über 54-Jährigen mit Doppeldiagnose (DD-Pt), also von Patienten

mit psychiatrischen Erkrankungen und Suchtdiagnose in den klinischen Einrichtungen (GZS, KPPÄ und KSAV),

➤ Entwicklung praxisnaher, praktikabler, ökonomischer und gut vermittelbarer Instrumente für die Falldetektion, Diagnostik, Beratung und Behandlung,

➤ angemessene Adhärenzstrategien (d. h. Einhaltung der gemeinsam von Patient *und* Arzt gesetzten Therapieziele) bei einem bedarfsgerechten Versorgungsstandard für ältere psychiatrische und suchtkranke bzw. suchtgefährdete Menschen und deren Angehörige,

➤ Sicherung der Beratung, Behandlung und Betreuung dieser Zielgruppe und Klärung von Versorgungslücken,

➤ Weiterentwicklung und Vernetzung der Versorgungsstrukturen in Stuttgart,

➤ Verknüpfung von Wissen und Handlungsstrategien aus den Disziplinen Gerontopsychiatrie, Suchtmedizin, Geriatrie, Psychologie, Sozialarbeit und Sozialwissenschaft und

➤ Erstellen eines Praxismanuals, in dem der aktuelle Forschungsstand und die Erfahrung mit 100 konsekutiv eingeschlossenen Patienten, die den Behandlungspfad vollständig durchlaufen haben, einbezogen wird.

Projektebenen

Sämtliche Maßnahmen im Projekt sollen den konkreten therapeutischen Prozess unmittelbar unterstützten (Abb 1).

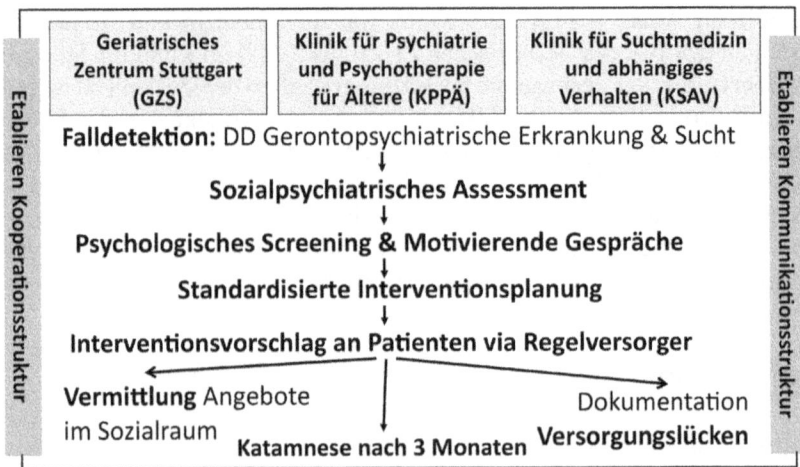

Abb. 1: Projektebenen

Die in der Projektarbeit gewonnenen Erkenntnisse werden stets rückgekoppelt und in klinikübergreifenden interdisziplinären Fallkonferenzen bearbeitet. Das Projekt umfasst somit zwei unterschiedliche Betrachtungsebenen.

1. Auf individueller Ebene stehen die Behandlung der Patienten und die Beratung der Angehörigen im Mittelpunkt.
2. Auf struktureller Ebene wird die Entwicklung eines klinischen Versorgungsstandards durch die ständige Reflexion konkret auftretender Situationen in der Versorgung betrieben.

Diese Reflexion umfasst die Falldetektion, die Erhebung des Behandlungsbedarfs, die Analyse und Anpassung von Strukturprozessen, wobei der Bedarf und die Angebote im Sozialraum kritisch überprüft werden. Dabei werden nicht nur Akzeptanz und Adhärenz seitens der Patienten, sondern auch von Angehörigen berücksichtigt und diskutiert. Schnittstellenprobleme wurden identifiziert und Vorschläge zu deren Überwindung konzipiert. Parallel wurde dazu zunächst eine Übersicht der verfügbaren Hilfen in Stuttgart für suchtkranke Ältere erstellt und deren Eignung und Verfügbarkeit untersucht.

Behandlungspfad

In das Projekt werden Patienten aller drei beteiligten Kliniken eingeschlossen. Für sämtliche Schritte des Behandlungspfades wurden standardisierte Verfahren erarbeitet. Alle Patienten mit der Verdachtsdiagnose solcher komorbiden Störungen werden dem Team der *Gerontopsychiatrischen suchtmedizinischen integrierten Versorgung* gemeldet. Teammitglieder nehmen dann Kontakt zu den gemeldeten Patienten auf. Stimmen diese oder ihre rechtlichen Vertreter zu, werden sie nach gesicherter ärztlicher Diagnose in das Projekt aufgenommen und engmaschig durch die Casemanagerin des Projektes begleitet (Abb.2).

Standardisiert (nach einem Manual) wird ein sozialpädagogisches bzw. sozialpsychiatrisches Assessment (Ressourcen, Selbstversorgung, Alltagsstrukturen, Verhalten etc.) durchgeführt. Ein psychologisches Screening (Interviewleitfaden Alkohol, Medikamente mit Fremdeinschätzung der Veränderungsmotivation) und motivierende Gespräche kommen hinzu. Zu Projektbeginn wurden Elemente des *Motivationalen Interviewing* (Miller u. Rollnick 2002) eingesetzt. Diese Form der Erhebung konnten jedoch die meisten Patienten der Zielgruppe in dieser Phase der Behandlung nicht

Individuelle Ebene	Strukturelle Ebene
Vermittlung & Behandlung PatientInnen und Angehörige	Versorgungsstandard Weiterentwicklung von Strukturen

➤ Gerontopsychiatrische Behandlung
➤ erweiterte Diagnostik
➤ Motivierendes Gespräch
➤ Suchtspezifische Behandlung
➤ Spezielle Angebote für Angehörige
➤ Weiterbehandlung/Vermittlung von
   Angeboten in Stuttgart
	➤ Klinischer Versorgungsstandard:
	   Falldetektion & Behandlung
	➤ Analyse & Anpassung von
	   Strukturprozessen
	➤ Bedarfsanalyse
	➤ Sozialraumanalyse

Klinikübergreifende interdisziplinäre Fallkonferenzen

Abb. 2: Behandlungspfad

aufnehmen. Gründe hierfür waren u. a. kurze Verweildauer, psychoorganische Schwächung und paternalistische Projektionen seitens der Patienten. Wir modifizierten deshalb diese Technik und führen nun ein standardisiertes motivierendes Interview mit einer Länge von ca. 20 Minuten durch, das psychoedukative Elemente der Suchtberatung beinhaltet. Screeninguntersuchungen zur *Selbstwirksamkeit* sowie mit der *Skala zur globalen Erfassung des Funktionsniveaus* (Jones et al.1995, dt. Bearbeitung 2003) und nach den *Diagnostische Kriterien DSM-IV-TR* ergänzen den Standard.

Die so vorbereiteten Interventionen werden im üblichen klinischen Rahmen individuell ergänzt und abgestimmt. In Fallkonferenzen, an denen die Casemanagerin, die behandelnden Ärzte und Psychologen und, soweit möglich, die Mitglieder anderer Disziplinen teilnehmen, wird dann im interdisziplinären Diskurs versucht, eine möglichst ganzheitliche Sicht des Patienten und seiner besonderen Bedürfnisse zu erarbeiten.

Im Rahmen der Kommunikationsstruktur der jeweiligen Klinik werden der verantwortliche Therapeut und das therapeutische Team über den Vorschlag des GSIV-Teams informiert. Diese entscheiden darüber, ob der Vorschlag letztlich übernommen wird, und besprechen diesen auch mit dem Patienten. Die Angebote für die weitere Versorgung werden durch den zuständigen Sozialdienst der Klinik vermittelt, der dem GSIV-Team auch rückmeldet, ob die Vermittlung erfolgreich war bzw. welche Probleme aufgetreten sind. Auftretende Probleme werden in den Fallkonferenzen analysiert.

Erste Ergebnisse

Daten aus der Zeit vom 1. Juli 2010 bis zum 30. Juni 2011 wurden ausgewertet.

Doppeldiagnosen

In der KPPÄ (mit 81 Plätzen) wurden 594 Patienten über 54 Jahre behandelt. Dabei wurden 168 Patienten mit einer solchen Doppeldiagnose (DD-Pt) identifiziert (28,3 %). In der KSAV wurden nur 42 vollstationäre Plätze in die Erhebung eingeschlossen, die übrigen Bereiche (Station für Opiatabhängige und suchtmedizinische Tagesklinik) stehen nahezu ausschließlich der Versorgung junger Patienten zur Verfügung. Dort wurden 214 Patienten dieser Altersgruppe behandelt, es fanden sich 124 DD-Pt (57,9 %). Im GZS (mit 35 vollstationären Plätzen) wurden 695 Patienten behandelt, bei 20 konnten Doppeldiagnosen identifiziert werden.

Das Durchschnittsalter aller behandelten Patienten lag in der Gerontopsychiatrie bei 74,4 Jahren und das der DD-Pt bei 73,2 Jahren. In der Suchtmedizin war das Durchschnittsalter mit 61,2 Jahren deutlich niedriger (DD-Pt 61,7 Jahre). In der Geriatrie war das Durchschnittsalter bei 76,4 Jahren (DD-Pt 65,5 Jahre). Die durchschnittliche Verweildauer aller Patienten war in der Gerontopsychiatrie 33,0 Tagen (DD-Pt 46,4 Tage), in der Suchtmedizin 14,3 Tage (DD-Pt 18,1 Tage) und im GZS 12,1 Tage (DD-Pt 20,3 Tage).

Die Hälfte der DD-Pt litt an einem Abhängigkeitssyndrom bzw. an einem schädlichen Gebrauch von Alkohol, bei einem Viertel der Patienten wurde ein schädlicher Gebrauch bzw. ein Abhängigkeitssyndrom von Sedativa und Hypnotika diagnostiziert. Bei den DD-Pt mit Alkoholabhängigkeitssyndrom bestand diese Erkrankung meist bereits vor dem 55. Lebensjahr. Bei den DD-Pt mit schädlichem Gebrauch bzw. Abhängigkeitssyndrom von Sedativa und Hypnotika entwickelte sich die Symptomatik überwiegend erst nach dem 54. Lebensjahr.

Multimorbidität

In Anlehnung an die 13 Kategorien der *Cumulative Illness Rating Scale* (Linn et al. 1968) wurden ohne Schweregradbestimmung behandlungsbedürftige und somit auch prognostisch relevante Erkrankungen festgehalten. Bei knapp

75% der Patienten in der Gerontopsychiatrie und bei etwa der Hälfte der Patienten in der Suchthilfe lagen außerdem behandlungsbedürftige körperliche Erkrankungen vor (durchschnittlich 2,35 in der KPPÄ, 1,41 in der KSAV und 3,0 in der GZS).

Schwerpunkte der Behandlung

Die größte Gruppe der Doppeldiagnosepatienten machen die Alkoholkonsumenten aus, sowohl in der Suchtmedizin (88,7%) als auch in der KPPÄ (44,4%). Der Anteil von Patienten mit zusätzlichem Konsum oder Monokonsum von Benzodiazepinen lag in der KPPÄ (62,7%) deutlich höher als in der KSAV (7,5%).

Soziales Funktionsniveau

Nach der *Global Assessment of Functioning Scale* wurden bei mehr als 70% der Patienten ernste Beeinträchtigungen im sozialen Leben gefunden.

Validität

Ein Teil der motivierenden Gespräche nach dem standardisierten motivierenden Interview war nicht nutzbar, die Gründe hierfür waren jedoch bei Alkohol- und Medikamentenkonsum unterschiedlich. Bei den Alkoholkranken behinderte die mangelnde Kooperationsbereitschaft und bei den Medikamentenkonsumenten die inkonsistente Beantwortung mit überwiegend sozial erwünschten Antworten die Auswertung. Bei den Fragebögen zur Selbstwirksamkeit ergaben sich keine wesentlichen Unterschiede zwischen Alkohol- und Medikamentenkonsumenten.

Veränderungsmotivation

Ein deutlich größerer Anteil der Alkoholkonsumenten scheint sich bereits in der Handlungsphase zu befinden, während Patienten mit Medikamentenproblemen überwiegend in der Phase der Absichtslosigkeit stecken (Fremdbeurteilung nach Heidenreich u. Hoyer 1998).

Förderung von Selbstständigkeit und Lebensqualität im Alter (SELIA)

Insbesondere letztere Ergebnisse bewogen uns, ein spezielles Gruppenangebot »SELIA« für Patienten mit Missbrauch bzw. Abhängigkeit von Medikamenten zu konzipieren. Den Patienten wird diese Gruppe als »*allgemeines Angebot für Ältere mit verschiedenen psychischen Beschwerden, u.a. auch Problemen im Zusammenhang mit der Einnahme von Medikamenten*« vorgestellt. Teilnehmer sind ältere Patienten mit Medikamentenabhängigkeit oder schädlichem Gebrauch von Medikamenten (Sedativa/Hypnotika und Schmerzmittel) sowie mindestens einer weiteren psychischen Störung. Die Gruppe richtet sich insbesondere an Patienten, die wenig Krankheitseinsicht in Bezug auf ihre Suchterkrankung haben und/oder die keine Bereitschaft zeigen, ein suchtspezifisches Behandlungsangebot wahrzunehmen, sowie an Patienten, die zwar über eine adäquate Krankheitseinsicht verfügen, bei denen aber die Veränderungsmotivation fehlt. In diese Gruppe sollen auch suchttherapieerfahrene und motivierte Patienten aufgenommen werden, für die kein adäquates Angebot in der Standardversorgung zur Verfügung steht. Ziel ist es, mit diesen Menschen eine therapeutische Allianz einzugehen und die Behandlungsmotivation zu fördern. In den Therapiemodulen geht es u.a. um Entspannung, Schlaf, Umgang mit dem Älterwerden und Umgang mit Schmerzen. Für Ärzte und andere Zuweiser gibt es Informationsflyer, für Patienten liegen ein spezieller Flyer und Handouts für jedes Modul in übergroßer Schrift vor. Die Gruppe ist fest installiert und wird gut angenommen.

Angehörigengruppe: »Geistige Leistungsfähigkeit im Alter – Aspekte des Alterns«

Themen wie »Gesund Altern«, »Normales Altern«, »Was ist Genuss?« »Information über Genussmittel und Medikamente« wurden manualisiert angeboten. Trotz mehrerer Initiativen mit entsprechenden öffentlichen Ankündigungen konnte im Projektbereich kein ausreichendes Interesse geweckt werden. Gründe für die Nichtteilnahme der Angehörigen waren:

➤ Delegation der Verantwortung an die Institution bei vollem Störungs- und Problembewusstsein,
➤ zu starke körperliche, geistige oder psychische Beeinträchtigung,
➤ stark eingeschränktes Zeitbudget,
➤ Loyalitätskonflikt und Stigmatisierungsbefürchtungen sowie eine
➤ ausreichende Aufklärung durch den behandelnden Arzt.

Daher werden den Angehörigen derzeit allein qualifizierte und standardisierte Einzelberatungen angeboten.

Zusammenfassende Überlegungen

Eine große Anzahl der in der Gerontopsychiatrie und Suchtmedizin behandelten älteren Patienten sind sogenannte Doppeldiagnosepatienten. Die Behandlungsdauer für diese DD-Pt ist deutlich höher als für das gesamte Kollektiv. Ein standardisierter Behandlungspfad steht nun zur Verfügung, die entwickelten und eingesetzten Instrumente können ökonomisch genutzt werden und liefern neue Erkenntnisse über diese Patienten und deren Bedürfnisse. Die Entwicklung von speziellen säulenübergreifenden Diagnostik- und Behandlungsangeboten ist in Teilen gelungen. Besondere Herausforderungen sind in diesem Projekt:

➤ die oft kurzen Verweildauern, insbesondere in der somatischen Medizin und der Suchtmedizin,
➤ die Erzeugung von Adhärenz, insbesondere bei Medikamentenproblemen und
➤ die Einbeziehung der Angehörigen.

Es bleibt die Frage, ob die entwickelten Instrumente geeignet sind, in allen somatisch-klinischen Bereichen eine adäquate Perspektivenvielfalt in Hinblick auf die Suchtkomorbidität herzustellen. Das im Projekt entwickelte strukturierte Angebot, das in einem Manual veröffentlicht wird, wird auch nach Beendigung des Projekts als Teil der klinischen Diagnostik und Therapie in den beteiligten Kliniken weitergeführt.
Die Auswertung der Daten ist noch nicht abgeschlossen.

Literatur

Atkinson RM (1990) Aging and alcohol use disorder: Diagnostic issues in the elderly. Int Psychogeriatrics 2: 55–72.
Heidenreich T, Hoyer J (1998) Stadien der Veränderung in der Psychotherapie: Modelle, Perspektiven, Kritik. Verhaltenstherapie und psychosoziale Praxis 30(4): 381–402.
Saß H, Wittchen HU, Zaudig M, Houben I (2003) Diagnostische Kriterien DSM-IV-TR. Göttingen (Hogrefe).
Linn BS, Linn MW, Gurel L (1968) Cumulative illness rating scale. J Am Geriatr Soc. 16(5): 622–626.
Miller WR, Rollnick S (2002) Motivational interviewing. Preparing people for change (2nd ed) New York (Guilford).

Prigerson HG, Desai RA, Rosenheck RA (2001) Older adult patients with both psychiatric and substance abuse disorders: prevalence and health service use. Psychiatr Q 72(1): 1–18.

Schmitz-Moormann (1992) Alkoholgebrauch und Alkoholismusgefährdung bei alten Menschen. Geestacht (Neuland).

Weyerer S et al. (2009) At-risk alcohol drinking in primary care patients aged 75 years and older. Int J Geriatric Psychiatry 24(12): 1376–85.

Wolter DK (2011) Sucht im Alter – Altern und Sucht. Stuttgart (Kohlhammer).

Korrespondenzadresse:
Dr. Jürgen Fischer
Klinik für Psychiatrie und Psychotherapie für Ältere
Klinikum Stuttgart
Tunzhofer Str. 14–16
70191 Stuttgart
E-Mail: jfischer@klinikum-stuttgart.de

Reinhard Plassmann

Die Kunst des Lassens

Reinhard Plassmann (Hg.)

Im eigenen Rhythmus

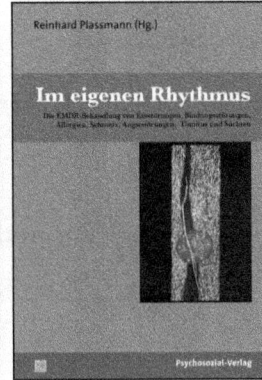

2. Aufl. 2010 · 355 Seiten · Broschur
ISBN 978-3-89806-808-6

2008 · 211 Seiten · Broschur
ISBN 978-3-89806-753-9

Wie fördert man seelische Heilungs- und Wachstumsprozesse? Vor dieser Herausforderung steht die wissenschaftliche Psychotherapie seit nunmehr 100 Jahren. Entscheidende Fortschritte sind in den letzten Jahren durch die neuen Methoden der modernen Traumatherapie möglich geworden. Gleichzeitig hat uns die moderne Hirnforschung Einblick gegeben, wie das Gehirn emotionale Belastungen verarbeitet.

Das Buch beschreibt mit vielen Fallbeispielen auf sehr lebendige Weise, wie das EMDR und die moderne Hirnforschung die Psychotherapie auf eine völlig neue Grundlage gestellt und uns neue Möglichkeiten an die Hand gegeben haben. Es erläutert dem Fachmann die Arbeitsweise und deren wissenschaftliche Grundlagen und potenziellen Patienten, wie ihr Weg durch den Heilungsprozess aussieht, bei Essstörungen, Borderlinestörungen, Traumafolgestörungen und bei allen durch emotionale Überlastung entstandenen Erkrankungen.

Weil Emotionen direkt mit dem Körper in Verbindung stehen, treten bei starken emotionalen Belastungen regelmäßig körperliche Störungen auf, beispielsweise Magersucht, Bulimie, Allergien, Schmerzen, Tinnitus, Süchte und Kopfschmerzen. Mit erstaunlichem Erfolg haben nun einzelne innovative Therapeutinnen und Therapeuten begonnen, solche emotional bedingten Störungen mit EMDR zu behandeln, und berichten in diesem Buch darüber.

Das Buch gibt Behandelnden und Patienten einen sehr ermutigenden Einblick in die neu entwickelten Behandlungsmöglichkeiten dieser Erkrankungen. Behandelnde finden präzise Anleitungen für innovative Anwendungen von EMDR, Patienten können ihren Informationsstand über moderne Behandlungsverfahren verbessern.

Walltorstr. 10 · 35390 Gießen · Tel. 0641-969978-18 · Fax 0641-969978-19
bestellung@psychosozial-verlag.de · www.psychosozial-verlag.de

Angebote für ältere KonsumentInnen illegaler Drogen über 40 Jahren

Aus- und Umbau der niedrigschwelligen Angebote von Condrobs e. V. München

Klaus Fuhrmann (München)

Einführung

Seit einigen Jahren gewinnt die Situation älterer Süchtiger immer mehr an Aufmerksamkeit. So widmete sich die europäische Studie sddcare 2009–2010 intensiv mit diesem Thema (EU-Projekt Nr. 2006346 – Senior Drug Dependents and Care Structures). Die »Behörde für Soziales, Familie, Gesundheit und Verbraucherschutz« der Hansestadt Hamburg veröffentlichte 2011 eine 114-seitige Broschüre zum Thema »*Die Bedarfe älterer Konsumierender illegaler Drogen. Zukünftige Anforderungen an Versorgungskonzepte in der Sucht- und Altenhilfe in Hamburg*«. Gerade hat die Bundesdrogenbeauftragte, Frau Dieckmann, die Situation älterer Süchtiger zum Schwerpunktthema für 2012 erklärt (Ärzteblatt vom 28.12.11).

Seit 2005 widmet sich Condrobs e. V. intensiv der Frage nach den Bedarfen der älteren drogenkonsumierenden Klienten. In einer bundesweit beachteten eigenen Umfrage unter den älteren Suchtkranken, die die drei Kontaktläden von Condrobs in München besuchen, wurden im gleichen Jahr die sozialen Lebensverhältnisse, die körperliche und psychische Verfassung und die Wünsche und Vorstellungen für ein Leben im Alter erhoben. Seither werden in Teilbereichen von Condrobs e. V. *niedrigschwellige Angebote* konsequent auf die Bedarfe der älteren Klientel hin ausgerichtet und zielgruppengerecht aus- und umgebaut. Der Altersschnitt der Klienten, die diese Angebote annehmen, liegt bei 40 Jahren.

Die Angebote im Überblick

Im ersten Schritt wurde 18 Plätzen für *Betreutes Wohnen* angeboten. Mittlerweile werden hier 54 Plätze vorgehalten, davon 30 Plätze im betreuten Einzelwohnen und 24 Plätze in therapeutischen Wohngemeinschaften (TWG), wovon 6 Plätze für körperlich schwer beeinträchtigte KlientInnen vorgesehen sind. Zirka 90% der KlientInnen werden substituiert.

Der *Kontaktladen off*, einer von 3 Kontaktläden von Condrobs im Stadtgebiet München, wird seit 2010 konzeptionell auf die Bedarfe der älteren Klientel ausgerichtet. Er heißt seither *off+*. Seit mehreren Jahren liegt der Anteil der über 40-Jährigen im *off* bei über 60% (bei ca. 350 KlientInnen jährlich).

Die Hälfte der 40 Plätze in *Beschäftigungsmaßnahmen* ist Klienten vorbehalten, die über 40 Jahre alt sind (ü40). 15 befinden sich im *off* und sechs in dem extra für diese Zielgruppe konzipierten neuen Angebot *Spendenladen*, der seit Dezember 2010 besteht und direkt neben dem *off+* angesiedelt ist. Unter dem Motto:» Sie spenden – wir helfen« werden Sachspenden akquiriert, aufbereitet und über einen Verkaufsladen und über ebay verkauft.

All diese Angebote sind am Schwerpunktstandort Haidhausen, Rosenheimerstraße 124, in München angesiedelt und miteinander vernetzt.

Das Betreute Wohnen 40 plus

» Alte sind nicht gleich Alte«. Jede Klientin und jeder Klient haben eine eigene Geschichte, eine eigene Biografie mit Stärken und Schwächen, Besonderheiten und Bedürfnissen. Das macht die Arbeit mit ihnen höchst anspruchsvoll und stellt große Anforderungen an die MitarbeiterInnen im Projekt. Andererseits haben wir es mit lebenserfahrenen Menschen zu tun, die wissen, um was es für sie geht.

Zu Beginn der Betreuung ist der Bedarf – wie nicht anders zu erwarten – höher. Kennenlernen, Eingewöhnen, Vertrauen Aufbauen und erste Krisen Bearbeiten braucht Zeit. Meist ergibt sich nach einem halben oder Dreivierteljahr eine ruhigere Phase, in der sich die KlientInnen nach den ersten erreichten Zielen zurücklehnen – oder auch wieder Rückschritte machen. Weitere » Vorhersagen« über den Betreuungsverlauf sind kaum möglich. Er gestaltet sich höchst unterschiedlich, ebenso wie die Problem- und Motivationslage des Klienten. Ein entscheidender Faktor dabei ist, ob der persönliche Kontakt zwischen ihm und den Betreuern gewachsen ist.

Im Herbst 2007 startete mit dem *Betreuten Wohnen für über 40-Jährige* das erste spezielle Projekt für die ältere Zielgruppe. Vorausgegangen waren intensive Vorarbeiten in Fachkreisen und vor allem beim Zuschussgeber. Danach konnten die ersten KlientInnen aufgenommen werden. Innerhalb kurzer Zeit waren alle Plätze belegt und es entstand eine Warteliste. Nicht ganz ein Jahr später wurde ein weiterer Ausbau auf 30 Plätze bewilligt, 24 Plätze für *Therapeutische Wohngemeinschaften (TWG)* kamen mit je 12 Plätzen 2009 und 2011 hinzu. Für alle 54 Plätze ist ein Personalschlüssel 1 zu 6 genehmigt, d. h. ein Mitarbeiter ist für sechs Bewohner zuständig. Die Arbeit wird nach den Richtlinien des SGBXII finanziert.

Die ersten Erfahrungen haben deutlich gemacht, dass es für diese Klientel extrem wichtig ist, von gut ausgebildeten und erfahrenen Mitarbeitern betreut zu werden. Die Betreuung findet überwiegend in der eigenen Wohnung statt. Neben den klassischen Zielen des Betreuten Wohnens kommen spezielle Themen, die Ältere betreffen, hinzu. Ein befriedigendes Leben im Alter können sich die wenigsten vorstellen. Es fehlen oft tragfähige soziale Bindungen. Schwere gesundheitliche Beeinträchtigungen belasten das Leben zusätzlich.

Die Ergebnisse der oben genannten Umfrage hatten gezeigt, dass es eine große Nachfrage nach Wohngemeinschaften gibt. Im Laufe des Aufbaus des Betreuten Einzelwohnens hatten wir immer wieder mit Menschen zu tun, die nicht willens oder in der Lage waren, einen eigenständigen Haushalt zu führen. Solch ein Bedarf entsteht nach der Entlassung aus Haft oder Therapie, bei Obdachlosigkeit, nach Unterbringung in Unterkünften und Pensionen, aber auch durch Verwahrlosung in der eigenen Wohnung. Einsamkeit, Isolation und nicht zuletzt massive gesundheitliche Probleme kommen oft hinzu.

Zurzeit sind für diese Aufgabe drei Wohnungen und zwei Häuser angemietet. Schnell wurde deutlich, dass die älteren Klienten höchst unterschiedliche Bedürfnisse haben, je nachdem, ob sie clean/nicht clean, männlich/weiblich und gesund/schwer krank sind:

➤ Es sind immer zwei MitarbeiterInnen für eine WG zuständig.
➤ Eine Hausordnung wird mit den Bewohnern gemeinsam entwickelt und die Einhaltung kontrolliert.
➤ Haustiere sind nach Vorgaben des jeweiligen Mietvertrags und im Einverständnis der Bewohner möglich.
➤ Für die Ausweitung der Wohnangebote haben wir mittlerweile eine Kooperationsvereinbarung mit einem großen Wohnungsbauträger abgeschlossen.
➤ Eine Kooperation mit einem ambulanten Pflegedienst wurde installiert.

Der weitere Ausbau

» Wenn wir jetzt anfangen, kommen wir etwas früher zu spät«. Immer mehr ältere Süchtige zeigen einen massiven körperlichen Verfall. Im Drogen-Suchtbericht der Bundesregierung 2008 wies die damalige Drogenbeauftragte Frau Bätzing darauf hin, dass: »… *die Todesfälle unter den*

älteren Drogenabhängigen zunehmen. Viele von ihnen sind gesundheitlich geschwächt und psychisch vielfachbelastet. ... Zunehmend wird es in den nächsten Jahren auch zu Todesfällen aufgrund von Folgeerkrankungen des Drogenkonsums wie Hepatitis-Infektionen kommen, durch eine Leberzirrhose, denn ein sehr großer Teil der Heroinabhängigen ist mit Hepatitis C infiziert«. Dazu füge ich an: Dem Sterben an den Langzeitfolgen geht eine lange Leidenszeit voraus.

Ein weiteres Haus für körperlich stärker beeinträchtige KlientInnen (8 Plätze) wird gerade barrierefrei umgebaut. Der Start dieses Angebots wird im März 2012 sein. Für die notwendige Pflege im Haus kooperieren wir mit einem ambulanten Pflegedienst, mit dem wir schon in Einzelfällen beim Betreuten Einzelwohnen zusammenarbeiten. Absprachen zwischen unserem Team und Pflegekräften finden in 14-tägigen Fallbesprechungen statt. Die Pflegekräfte haben einen »guten Draht« zu den Klienten.

Nicht so gut sind die bisher gemachten Erfahrungen mit den abgebenden Kliniken. Zum Beispiel wollte eine Klinik uns einen Klienten mit einem therapieresistenten Infekt (MRSA) zuschieben, bei dem auch die Pflegeverordnung nicht stimmte, eine Borderline-Diagnose verschwiegen wurde und die Folgesubstitution nicht geregelt war. Es war dort auch nicht bedacht worden, dass der Einzug bei uns in eine Wohngemeinschaft eine Wohnungsauflösung nach sich zieht.

Überraschend schnell werden wir mit einem Bedarf konfrontiert, der sich umso mehr zeigt, je öfter wir mit Einrichtungen in Kontakt kommen, in denen diese KlientInnen bisher aufgelaufen sind und die nicht wissen, wohin mit ihnen. Um diese Probleme im Vorfeld anzugehen, haben wir eine Stelle beantragt, um ein Überleitungsmanagement zu installieren.

Grenzen des Betreuten Wohnens

Das Betreute Wohnen hat für viele Klienten zu hohe Zugangsvoraussetzungen. Es erfordert ein gewisses Maß an Zuverlässigkeit, Verbindlichkeit und Veränderungsbereitschaft. Viele ältere Klientinnen und Klienten sind jedoch nicht bereit oder fähig, sich so weit einzulassen. Manchmal scheitert eine Antragstellung auch daran, dass bei der Abfrage der Einkommensverhältnisse von Angehörigen diese davon erfahren oder gar finanziell belastet würden.

Ein Teil der KlientInnen hat nur einen geringen oder nur temporären Bedarf an Unterstützung. Trotzdem muss sich bei der zunehmenden Zahl der Älteren auch in weiteren Bereichen etwas bewegen.

Die Kontaktläden

Der Umbau – Aus dem Kontaktladen off wird off+

Die Kontaktläden bieten eine niedrigschwellige Anlaufstelle für die Zielgruppe. Im Wesentlichen besteht das Angebot aus 3 Elementen:

➤ Der Versorgung: Aufenthaltsbereich, warmes Mittagessen und Getränke, Essen zum Mitnehmen, Spritzentausch und Kondommitgabe, Kleiderkammer, Wäscheservice, Postadresse und Internetzugang.
➤ Der Beratung: Sozial- Rechts- und Gesundheitsberatung auch zu safer use, persönliche Beratung, Vermittlung und Krisenintervention.
➤ Projekte und Freizeitmaßnahmen: Infoveranstaltungen, Sport, Kino und Konzertbesuche, Ausflüge etc. ...

In Absprache mit der Landeshauptstadt München und dem Bezirk Oberbayern als Hauptzuschussgeber bleibt das *off* als Kontaktladen für alle Altersgruppen offen, etabliert jedoch zusätzliche Angebote für die ältere Zielgruppe. Das Konzept und die Leistungsbeschreibung wurden entsprechend angepasst. Ab dem 1. Mai 2010 wurde das neue Konzept umgesetzt und das + im neuen Namen *off+* steht hier für die neuen Angebote für die Älteren:

➤ Frei werdende Stellen wurden mit MitarbeiterInnen über 40 Jahre besetzt (jetzt 2/3).
➤ Ein Fortbildungskonzept für die MitarbeiterInnen wird entwickelt und ein Teil des Budgets ist fest für spezielle Altersthemen vorgesehen.
➤ Die bereits etablierten KISS-Gruppen (Kontrolle im selbstbestimmten Substanzkonsum) werden altersspezifisch angeboten.
➤ Freizeitmaßnahmen sind auf die Möglichkeiten Älterer abgestimmt.
➤ Eine Kochgruppe vermittelt altersgerechte und gesunde Ernährung.
➤ KlientInnen, die vorübergehend nicht in den Kontaktladen kommen können, bekommen Lebensmittel nach Hause geliefert.
➤ Die Kooperation mit einer Ärztin im Kontaktladen KL wurde erweitert. Sie bietet sowohl dem Team als auch den KlientInnen Information und Beratung zu altersspezifischen Gesundheitsthemen. Die KlientInnen werden zu Arztterminen begleitet.

Die Arbeitsprojekte

20 Plätze für über 40-Jährige: Die über Zuverdienstprojekte (§ 53 SGBXII) und über die Jobcenter und das Referat für Arbeit und Wirtschaft der LH

München (1-€-Jobs) finanzierten Arbeitsprojekte sind überwiegend an das *off* angegliedert. Sie bieten einen niedrigschwelligen Zugang mit stufenweisem Einstieg von der stundenweisen Beschäftigung zur Arbeit über 1–3 Tage mit festen Zeiten und schließlich zu verbindlichem Arbeiten an bis zu 5 Tagen.

Ein *weiteres Arbeitsprojekt*, in dem sechs Arbeitsplätze ausschließlich für Ältere angeboten werden, läuft seit Dezember 2010. Der »Spendenladen« ist direkt neben dem *off+* angesiedelt. Unter dem Motto: »Sie spenden – wir helfen«, werden Sachspenden akquiriert, aufbereitet und über einen Verkaufsladen und über ebay verkauft.

Weitere Planungen

Aufsuchende Angebote

Hier sollen KlientInnen, die zeitweise immobil sind, aufgesucht, mit Lebensmitteln versorgt und der weitere Hilfsbedarf abgeklärt werden. Es wird ein Hol- und Bring-Service für Fahrten zu tagesstrukturierenden Maßnahmen angeboten. Zudem soll mit dieser beantragten Stelle, die pauschal finanziert werden soll, eine Schnittstellenfunktion zu ambulanten Pflegediensten, Substitutionspraxen und Kliniken erreicht werden.

Stationäres sozialtherapeutisches Haus

Für den längerfristigen Verbleib von Klientinnen, die gesundheitlich stark eingeschränkt und sozial schwer in eine ambulante Maßnahme zu integrieren sind, ist eine stationäre sozialtherapeutische Einrichtung geplant, in der die MitarbeiterInnen durchgängig anwesend sind und damit besser gewährleisten können, dass Regeln eingehalten werden wie: kein Konsum von illegalen Drogen im Haus, geregelter Alkoholkonsum, Beteiligung an häuslichen Aufgaben und Übernahme von Pflichten im sozialen Miteinander.

Ausblick

Der demografische Wandel macht auch vor DrogenkonsumentInnen nicht halt. Wir stehen erst am Anfang einer Entwicklung, die ähnlich wie in der »Allgemeinbevölkerung« in den nächsten Jahren immer mehr an Bedeutung gewinnen wird. Es ist daher zu prüfen, ob es tatsächlich für diese Klientel zu Kooperationen mit der regulären Altenhilfe in der stationären Pflege und im Bereich Hospiz kommt. Die Berührungsängste beiderseits sind noch groß. Sollte es nicht gelingen, Suchtkranke mittelfristig in bestehende Versorgungsstrukturen zu integrieren, werden wir mittelfristig auch in diesen Bereichen spezielle Angebote aufbauen.

Korrespondenzadresse:
Klaus Fuhrmann
Bereichs-Geschäftsführer Ältere und niedrigschwellige Hilfen
Condrobs e. V.
Heßstraße 134
80796 München
E-Mail: klaus.fuhrmann@condrobs.de
Internetadresse: www.condrobs.de

Horst-Eberhard Richter

Der Gotteskomplex

Die Geburt und die Krise des Glaubens an die Allmacht des Menschen

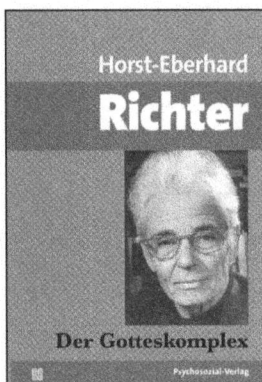

Horst-Eberhard Richter

Die Krise der Männlichkeit in der unerwachsenen Gesellschaft

2. Aufl. 2012 · 344 Seiten · Broschur
ISBN 978-3-8379-2214-1

2006 · 283 Seiten · Broschur
ISBN 978-3-89806-570-2

Horst-Eberhard Richter beschreibt die moderne westliche Zivilisation als psychosoziale Störung. Er analysiert die Flucht aus mittelalterlicher Ohnmacht in den Anspruch auf egozentrische gottgleiche Allmacht. Anhand der Geschichte der neueren Philosophie und zahlreicher soziokultureller Phänomene verfolgt er den Weg des angstgetriebenen Machtwillens und der Krankheit, nicht mehr leiden zu können. Die Überwindung des Gotteskomplexes wird zur Überlebensfrage der Gesellschaft und des modernen Menschen.

»Ihre analytische Bestandsaufnahme der modernen westlichen Zivilisation, in der Sie tiefgreifende Verirrungen mit folgenreichen Störungen aufdecken, vermag über alle zeitbedingten Schattierungen hinaus wache Geister zur Nachdenklichkeit anzuregen.«

Aus einem Brief von Kardinal Ratzinger an Horst-Eberhard Richter, 1997

An sein Hauptwerk Der Gotteskomplex anknüpfend, untersucht der Psychoanalytiker Horst-Eberhard Richter das Schwinden von Menschlichkeit im Rausch der wissenschaftlich-technischen Revolution. Von den erfolgreich konkurrierenden Frauen eingeholt, müssten die Männer ihrerseits mehr psychologische Weiblichkeit entwickeln, um den Ausfall an sozialen Bindungskräften wettzumachen. Geht das Vertrauen in die wechselseitige Abhängigkeit allen Lebens verloren, würde sich die Armutskluft noch verheerender erweitern, und der illusionäre Stärkekult würde die Komplizenschaft von fundamentalistischem Terror und kriegerischer Gegengewalt verewigen. Prominente Zeugen wie McNamara, Sacharow, Weizenbaum, Russell u.a. bekräftigen Richters Mahnung.

Walltorstr. 10 · 35390 Gießen · Tel. 0641-9699 78-18 · Fax 0641-9699 78-19
bestellung@psychosozial-verlag.de · www.psychosozial-verlag.de

Buchbesprechungen

Irmgard Vogt (Hg) (2011) Auch Süchtige altern – Probleme und Versorgung älterer Drogenabhängiger. Frankfurt (Fachhochschulverlag), 413 S., € 25

Die neuere medizinische und klinisch-psychologische Forschung erklärt die Entstehung einer Drogensucht aus dem Zusammenwirken mehrerer Faktoren, nämlich aus Persönlichkeitsstruktur, sozialer und biografischer Situation und dem Wirkungsprofil der Droge selbst. Zahlreiche Interventionsansätze in der Suchttherapie beziehen sich allerdings zumeist auf jüngere suchtkranke Menschen. Mit dem demografischen Wandel wächst aber auch die Zahl älterer Frauen und Männer, die Probleme mit psychoaktiven Stoffen wie Alkohol, Heroin oder Kokain haben. Irmgard Vogt prognostiziert als Herausgeberin des Buches, dass suchtspezifische gesundheitliche Beeinträchtigungen und Beschwerden bei Frauen und Männern mit Suchtproblemen ab ca. 40 Jahren erheblich zunehmen werden, was einen höheren Versorgungsbedarf generieren wird. Diese Klientel sollte in den Einrichtungen der Sucht- und Drogenhilfe Deutschlands sowie in den gerontopsychiatrischen und geriatrischen Kliniken betreut werden.

Das vorliegende Buch ist zunächst als Bestandsaufnahme zu verstehen. Der Leser erwirbt »quasi nebenbei« profunde Kenntnisse über die unterschiedlichen Facetten des Alterns. In Einzelbeiträgen finden sich aktuelle statistische Daten und Prognosen zur demografischen Entwicklung und zum Substanzkonsum sowie zum Zusammenhang von »Drogenabhängigkeit und Demenz« (D. Wolter). Im Kapitel »Substitutionssenioren« gehen B. Westermann und D. Witzerstorfer der Frage nach, »was sie brauchen und wie sie es bekommen«. Exemplarisch wird hier auf Menschen eingegangen, die unter Substitutionsbedingungen älter geworden sind und über die Träger der Freien Drogenhilfe Berlin versorgt werden. Auch an der Projektarbeit in »Wohn- und Pflegegemeinschaften für ältere Drogenkonsumenten mit HIV« wird deutlich, dass künftig modifizierte Versorgungskonzepte jenseits der üblichen Heimkarriere notwendig sind. »Aus dem Betreuten Wohnen wird Intensiv Betreutes Wohnen«, dies ist nach M. Hilckmann, T. Schmidt und W. Jörden-Thamm die »künftige Betreuungsformen von älteren Menschen mit HIV-Infektion und einer Drogenbiografie«. Weitere Beiträge, wie etwa der Beitrag »Wohnhilfen für chronifizierte Drogenabhängige in Unna«, gehen auf den Umgang mit Tod und Sterben ein.

Plant man mit älteren suchtmittelabhängigen Menschen die Zukunft, so gelingt dies besser, wenn Angehörige einbezogen werden, was häufig schwierig ist, da die familiären Strukturen nach oft jahrzehntelanger Suchtkarriere schon lange gestört sind. A. de Oliviera hebt die Rolle der professionell Helfenden in belastenden Situationen als »Familienersatz« hervor und geht auch auf die Versorgung schwerkranker, behinderter und sozial entwurzelter Klientinnen und Klienten ohne Wiedereingliederungs- und Verselbstständigungsperspektive ein.

Neben Ausführungen zu flankierenden Hilfen des Suchthilfesystems runden Beiträge zur Frage der Psychotherapie älterer süchtiger Menschen das vorliegende Buch ab. D. Geyer geht in seinem Beitrag »Psychotherapie mit älteren süchtigen Menschen« der Frage nach, weshalb langjährige Suchtkranke und Suchtkranke, die erst im Alter süchtig geworden sind, differenziert werden sollten. Neben Details zur sekundären Suchtentwicklung zeigt er Aspekte der Beziehungsgestaltung und der Beziehungsdynamik in der Psychotherapie auf. R. Hirsch stellt dann verschiedene psychotherapeutische Verfahren für ältere Menschen vor und geht dabei auf Indikation, Problemfelder und Besonderheiten ein.

R. Lenskis Beitrag »Soziale Absicherung älterer Süchtiger: Grundlagen und praktische Beispiele« vermittelt dem Leser neben einer allgemeinen Einführung in die sozialen Sicherungssysteme Deutschlands einen profunden Überblick mit praktischen Beispielen über Leistungsansprüche von älteren Süchtigen gemäß dem SGB.

Gegenwärtig sind nur wenige Einrichtungen bekannt, die konzeptionelle Überlegungen und konkrete Vorgehensweisen für die Therapie älterer substanzabhängiger Menschen entwickelt haben und dabei der Tatsache gerecht werden, dass sich die Betroffenen nicht nur durch ihr Alter von jüngeren Patienten abheben. Deshalb ist dieses Buch bei Planungen eine Quelle wichtiger Informationen und Anregungen. Zielgruppe dieses Buches sind also vor allem Mitarbeiterinnen und Mitarbeiter in ambulanten sowie stationären Suchthilfe- und Rehabilitationseinrichtungen und in gerontopsychiatrischen Abteilungen und Institutionen. Darüber hinaus wendet sich das Buch aber auch an einen Leserkreis, der einen gründlich recherchierten Einblick in die suchtspezifische Altersmedizin gewinnen möchte. Die Autoren arbeiten in der suchtmedizinischen Forschung, in suchtspezifischen Projekten und in psychiatrische Einrichtungen und stellen die komplexe Materie gekonnt dar. Fazit: sehr empfehlenswert!

Beate Hahne (Göttingen)

Anne Lützenkirchen (Wissenschaftliche Mitarbeit: Annegret Böss, Silke Hochberger, Gabriele Moll und Annika Wittig) (2010) Sucht im Alter. Soziale Arbeit mit alkoholabhängigen Menschen ab 60 Jahren. Lage (Jacobs Verlag), 165 S., € 19,90

Es kommt bislang nicht oft vor, dass sich Autoren mehr als nur beiläufig mit dem Thema Sucht im Alter beschäftigen. Hier haben vier Sozialarbeiterinnen unter Federführung ihrer Professorin Anne Lützenkirchen zu diesem Thema aus einem Werkstattbericht ein Buch gemacht – ein Vorhaben, das nicht immer glückt, in diesem Fall aber recht gut gelungen wirkt.

Die Autorinnen gehen davon aus, dass »die Versorgungslage alter alkoholabhängiger Menschen [...] bislang äußerst defizitär, die Ursachenforschung unbefriedigend und die Diagnosestellung weder gezielt noch verlässlich ist« (49). Das Buch beginnt mit einer Literaturübersicht (42 von 157 Seiten), in der die Thematik erfreulich umfassend dargestellt wird. Allerdings entsteht mitunter der Eindruck, dass einige Teilbereiche noch gründlicher durchgearbeitet werden könnten, z.B. »klinische und biologische Tests« und »direkte und indirekte Fragebogeninstrumente« im Kapitel Früherkennung. Das in der Suchtmedizin und Suchthilfe gängige Konzept vom »Suchtdreieck« – Individuum, Droge und Gesellschaft – wird als Resultat der *International Classification of Functioning* (ICF) dargestellt; das ist ebenso wenig zutreffend wie das Verständnis der ICF selbst als *ätiologisches* Konzept (23). Was unter der Überschrift *Theorienmodelle* ausgeführt wird, wirkt teilweise etwas holzschnittartig und von antipsychiatrischen Ressentiments geprägt. Aus dem etablierten Begriffspaar Early *Onset*- und Late *Onset*-Alkoholismus haben die Autorinnen Early und Late *Ontake* gemacht – warum? Der Alkoholentzug verläuft bei älteren Menschen nicht prinzipiell schwerer (40), ausschlaggebend dabei sind nicht das kalendarische Alter, sondern die körperliche Verfassung und die körperlichen Begleiterkrankungen. Mitunter fehlt die Verbindung zwischen einzelnen Kapiteln: Die geriatrische Version des Michigan Alcoholism Screening Test (MAST-G) wird z.B. im Kapitel »Gegenwärtige Versorgungsstruktur« erwähnt, die Kurzversion SMAST-G im Kapitel »Früherkennung«, ohne dass ein Bezug hergestellt wird. Um einen Druckfehler dürfte es sich bei der Aussage handeln, dass die Alkoholfolgekosten bei gerade mal 20 Millionen und nicht Milliarden € jährlich lägen (119). Schließlich ist die Literaturliste relativ knapp, wesentliche angloamerikanische Publikationen fehlen und es ist nicht immer die aktuelle Auflage aufgeführt.

Doch diese Details, die ein gründlicheres Lektorat wünschenswert erscheinen lassen, sind Marginalien und schmälern nicht die Bedeutung der Publikation.

Kernstück des Buches ist die Auswertung der Experteninterviews, die die Autorinnen mit 26 Mitarbeitern unterschiedlicher Profession aus verschiedenen Einrichtungen der Suchthilfe und Altenhilfe im Raum Kassel/Fulda geführt haben. Die Autorinnen räumen ein, dass nur wenige der Interviewpartner Erfahrungen mit *Late Onset*-Alkoholikern hatten (56). Deshalb sei die Frage erlaubt, ob hier eher vorgefertigte Klischees oder eigene Erfahrungen transportiert werden. Die befragten Professionellen beschreiben zahlreiche Defizite in der Versorgung älterer Alkoholabhängiger und fordern die Entwicklung spezieller Interventionskonzepte. Die Einschätzungen zum Ausmaß von Alkoholproblemen bei Bewohnern von Altenheimen sind kontrovers (59).

Auf der Grundlage dieser Interviews skizzieren die Autorinnen ein »innovatives Versorgungskonzept«, das am Ende des Buches tabellarisch mit je vier strategisch-normativen und strategisch-operativen sowie drei operativen Handlungsfeldern zusammengefasst wird. Die große Bedeutung psychosozialer Faktoren in der Entstehung und Zuspitzung von Alkoholproblemen (im Alter) wird postuliert, wobei die Auslösefaktoren für den Late Onset-Alkoholimus besonders vielfältig und komplex sind (45), woraus sich vielfältige Handlungsfelder für Sozialarbeiter ableiten lassen (62). So wird mit viel Engagement und Kreativität ein buntes Kaleidoskop entworfen (100ff), das von der Angehörigen- und Öffentlichkeitsarbeit (ein Infomobil soll es geben) über das Betreute Wohnen, Besuchsdienste, Stadtteilfeste, Wochenendaktivitäten und Kindergarten-Patenschaften bis zur Schulung der Hausärzte in motivierender Gesprächsführung reicht. Völlig zurecht wird eine wesentlich bessere Durchlässigkeit zwischen ambulantem, stationärem und komplementärem Bereich und der Rehabilitation gefordert. Die Trennung der Finanzierungssysteme (Krankenversicherung versus Rentenversicherung) wird ebenso nachdrücklich kritisiert (118, 121) wie die »unproduktive Konkurrenz« zwischen Einrichtungen und Trägern (89).

Die Autorinnen wollen glücklicherweise kein zusätzliches, neues »Versorgungssystem«, vielmehr soll das so geplante »Gerontopsychiatrische Suchthilfesystem« auf vorhandene Strukturen der Altenhilfe und von psychosozialen Zentren aufbauen (150). Natürlich wissen sie auch, dass wohl kaum das gesamte Spektrum ihrer vielfältigen Ideen sich in einer Region verwirklichen lässt – sie bezeichnen ihre Überlegungen selbst als »Idealtypus« (99). Doch bei Gedankenspielen sind ja große Würfe nicht nur erlaubt, sondern geradezu erwünscht.

Also unterm Strich ist es ein erfrischendes und Impulse gebendes Buch für Praktiker aus Suchthilfe, Altenarbeit und Gerontopsychiatrie. Den politisch korrekten Sozialarbeiterjargon, gepaart mit vielen kategorischen Imperativen, (»Die Methoden sind individuell im Sinne des Empowerments, der Hilfe zur Selbsthilfe und der Aktivierung sowie der Netzwerkarbeit mit dem Ziel einer möglichst selbstbestimmten, selbstständigen Lebensform anzuwenden und einzusetzen«) (115f) muss man in Kauf nehmen.

Dirk K. Wolter (Haderslev, Dänemark)

Zum Titelbild
Verlust und Traurigkeit
Brigitte Landherr (Kassel)

Die mit Wasser angelöste Buntstiftzeichnung von Frau Zett entstand während einer Kunsttherapie-Gruppenstunde. In dieser Gruppe waren Patienten aus verschiedenen Generationen dabei. Dadurch entstanden in dieser Gruppe manchmal Situationen, wie sie zwischen Eltern und erwachsenen Kindern vorkommen. Frau Zett gehörte mit ihren 23 Jahren zu den Jüngeren.

Die Gruppe wählte auf Vorschlag einer Patientin das Thema »Ein Gefühl« aus, wobei jedes Gruppenmitglied selbst entscheiden konnte, welches Gefühl es gestalten wollte. In der gemeinsamen Nachbesprechung erzählte Frau Zett über ihr Bild, die Blume verliere ihre Blütenblätter so, wie wenn man die Hoffnung aufgebe. Frau Zett sprach in dieser Gruppenstunde noch in der »man«-Form, es war jedoch unausgesprochen klar, dass sie von sich selbst sprach. Sie zweifelte daran, dass ihr die Behandlung in der Klinik helfen könne und dass es ihr irgendwann besser gehen werde. Sie war in dieser achten Kunsttherapiestunde etwa in der Mitte ihrer klinischen Behandlung. Die anderen Gruppenmitglieder versuchten, sie zu trösten und meinten: »Immer positiv denken!«

Auf ihrem Bild sind mehr als die Hälfte der Blütenblätter abgefallen und die Blüte wirkt an den Leerstellen ausgefranst. Wie durch den Wind bewegt, fallen die Blütenblätter nicht einfach nach unten, sondern umspielen den Blütenstängel. Das ganze Blatt Papier ist farbig, was für die Malweise der Patientin zu Beginn der Behandlung nicht selbstverständlich war. Sie zeigte anfangs wenig Ausdauer und ihre Arbeiten erschienen mir leer. Bei ihrem vierten Bild achtete sie aber, nachdem ich sie darauf angesprochen hatte, mehr auf den Hintergrund.

Hier in diesem Bild wird der Boden, aus dem die Blume kommt, farblich nicht vom Bildhintergrund abgesetzt, beide sind türkisblau. Gleichwohl unterscheiden sie sich durch den Farbabrieb, der Boden erscheint farbintensiver. Die Blütenblätter haben dagegen in ihrem Schwarz-Weiß-Grau keine Farbe erhalten und die Blume erscheint bis auf ihren grünen Stängel und ihr grünes Blütenkopfauge farblos, wenig hoffnungsfroh und traurig-zerzaust.

Eine Woche später gestaltete Frau Zett zum Gruppenthema »Traurigkeit« ein Bild mit einem von der linken Seite kommenden Pfeil, der auf eine blau getönte Wodkaflasche zeigt, von dort weist ein weiterer Pfeil auf eine große dunkelblaue Tropfenform, die durch einen dritten Pfeil mit einem angedeuteten Fernseher auf diffusem Grund verbunden ist. Sie konnte dann über sich sprechen: Vor der Behandlung in der Klinik hing sie mit traurigen Gefühlen durch, trank regelmäßig eine halbe bis eine ganze Flasche Wodka täglich und sah den ganzen Tag fern. Im Titelbild wird diese Stimmung, die sie in dieser Zeit gehabt hatte, auch deutlich.

In den weiteren Gruppenstunden konnte sie uns in Ausschnitten erzählen, welche Situationen mit welchen Menschen sie sehr traurig gestimmt hatten. Sie konnte dann aber von der Resignation Abschied nehmen und malte in den folgenden Wochen andere Bilder, die zeigten, was ihr gefiel und was ihr gut tat.

Korrespondenzadresse:
Brigitte Landherr
Klinik für Psychosomatische Medizin und Psychotherapie
Klinikum Kassel
Mönchebergstr. 41–43
34125 Kassel

Veranstaltungshinweise

24. Symposium »Psychoanalyse und Altern« am 30. November und 1. Dezember 2012 in Kassel

Heimat, Sehnsucht, heile Welt?

Der vielschichtige und missverständliche Begriff Heimat verweist auf eine Beziehung des Menschen zum Raum. Damit eng verbunden sind Begriffe wie Dorf, Stadt, Land, Vaterland, Sprache, Dialekt und Religion. Damit ist auch das Thema Identität berührt. Schon darin zeigt sich das Spannungsfeld von Enge und Weite, von Philobatismus und Oknophilie, von Klaustrophobie und Agoraphobie, Heimatkitsch und erhabener Tradition. Die frühen Bindungen an Mutter und Vater, die idealisierend verklärt wirken, spielen eine Rolle, gleichzeitig die Tendenz wegzugehen und autonom zu werden. Aber auch eine heitere Melancholie über den Verlust der örtlich eingebundenen Kindheit täuscht nicht darüber hinweg, dass gerade in Deutschland dieser Begriff kontaminiert ist.

Ist der Begriff Heimat Ausdruck einer aus der Romantik geborenen spezifisch deutschen Neurose? Spielt in Therapien mit Älteren Heimat eine Rolle? Wird im Alter nicht Betrauertes doppelt deutlich? Wie geht die Psychoanalyse mit dem Thema um? Hatte Freud, der selbst am Anfang und Ende seines Lebens die Heimat verlor, eine theoretische Position dazu?

Für weitere Auskünfte und für die Anmeldung zum Symposium stehen Ihnen gern zur Verfügung:

➤ Frau Ehri Haas, Leuschnerstr. 55a, 34134 Kassel, Tel. 0561 44877 (ehri.haas@arcor.de)
➤ Dr. Johannes Kipp (johanneskipp@t-online.de) und die
➤ Homepage: www.psychoanalyse-und-altern.de

Fachverband für Biografiearbeit FaBia e. V.

Nächste Tagung
Samstag, 23. Juni 2012: »CREA_SPACES: Transformationen – Kunst – Biografie«, begleitend zur dOCUMENTA(13) in Kassel.
Informationen: www.fabia-ev.de
E-Mail: info@fabia-ev.de

Autorinnen und Autoren

Jürgen D. Fischer, geb. 1949, Dr. med. Dipl.-Psych., nach langjähriger Tätigkeit als Ständiger Vertreter des leitenden Arztes der psychiatrischen Klinik des Bürgerhospitals der Stadt Stuttgart, seit 2008 Ärztlichen Direktor der Klinik für Psychiatrie und Psychotherapie für Ältere, Zentrum für Seelische Gesundheit, Klinikum Stuttgart

Klaus Fuhrmann, geb. 1959 in Worms, Diplom-Sozialpädagoge und Betriebswirt im Sozial- und Gesundheitswesen. Bereichsgeschäftsführer für die niedrigschwelligen Hilfen und Angebote für Ältere Condrobs e. V. seit 1990 mit Gründung des *Kontaktladen off, der* erste Kontaktladen Münchens, in der Suchthilfe tätig.

Dieter Geyer, geb. 1955 in Limburg an der Lahn, Dr. med., Facharzt für Neurologie und Psychiatrie, Psychiatrie und Psychotherapie und Psychosomatische Medizin und Psychotherapie. Leitender Arzt Fachkliniken Fredeburg und Holthauser Mühle. Spezielle Interessen: Substanzbezogene Störungen im Alter, Tabakentwöhnung, Evidenzbasierung der Suchttherapie.

Beate Hahne, Dr. med., Stellvertretende Chefärztin des Funktionsbereichs Gerontopsychiatrie im ASKLEPIOS Fachklinikum Psychiatrie, Göttingen. Fachärztin für Neurologie und Psychiatrie, Psychotherapie mit den Zusatzqualifikationen, Geriatrie, Suchtmedizinische Grundversorgung und Konsiliar- und Liaisonpsychiatrie. Interessen: Differenzialdiagnostik und -therapie suchtspezifischer Störungsbilder und Suchterkrankungen des höheren Lebensalters.

Rüdiger Holzbach, geb. 1962 in Ravensburg. Dr. med., Facharzt für Psychiatrie und Psychotherapie. Bis 2004 Oberarzt in der Klinik für Psychiatrie und Psychotherapie der Universität Hamburg, seitdem Chefarzt der Abteilung Suchtmedizin der LWL-Kliniken Lippstadt und Warstein, Mitarbeiter am Zentrum für interdisziplinäre Suchtforschung am Universitäts-Klinikum Hamburg-Eppendorf.

Brigitte Landherr, geb. 1968, Keramikerin, Künstlerin und Kunsttherapeutin. Seit 2006 als Kunsttherapeutin in der Klinik für Psychosomatische Medizin und Psychotherapie im Klinikum Kassel tätig.

Maike Schmieta, Dr., Psychologische Psychotherapeutin (PPT) und Supervisorin (BDP), Professorin an der HAWK Hochschule für angewandte Wissenschaft und Kunst, Fakultät Management, Soziale Arbeit, Bauen in Holzminden.

Irmgard Vogt, geb. 1941, Dr. phil., Diplompsychologin, Privatdozentin an der Goethe-Universität Frankfurt im Fachbereich Gesellschaftswissenschaften, bis 2009 Professorin an der FH Frankfurt am Main, Fachbereich Soziale Arbeit und Gesundheit mit den Schwerpunkten Beratungsforschung und politische, soziale und geschlechtsspezifische sowie psychische Kontexte von Sucht und Abhängigkeit. Mitglied des Instituts für Suchtforschung Frankfurt.

Dirk K. Wolter, geb. 1956, Dr. med., Nervenarzt/Psychiater, Psychotherapeut und Geriater. Seit 1991 in der Gerontopsychiatrie tätig, zunächst als Oberarzt in Langenfeld (Rheinland), dann als Chefarzt von 1998 bis 2007 in Münster. 2007/2008 gerontopsychiatrische Tätigkeit in Haugesund (Norwegen) und von 2008 bis 2012 Chefarzt des Fachbereichs Gerontopsychiatrie und Geriatrie am Inn-Salzach-Klinikum in Wasserburg am Inn und ab 1.7.2012 in verantwortlicher Position in der Gerontopsychiatrie der Region Süd-Dänemark in Haderslev. Vorstandsmitglied der Deutschen Gesellschaft für Gerontopsychiatrie und -psychotherapie (DGGPP). Div. Veröffentlichungen zu Sucht im Alter, Demenz, Gerontopsychiatrie, Buch: *Sucht im Alter – Altern und Sucht* (2011).